走進陌生
的國度
俄羅斯

楊立明 ———————— 著
BRIAN YEUNG

STEPPING INSIDE
A FOREIGN LAND
— RUSSIA

十年前，我大學畢業，前路茫茫、未知方向。那時候，沒有人談甚麼「一帶一路」，也甚少人對俄羅斯這個國家有興趣。當時我剛剛從荷蘭和新加坡交流回港，不甘於找份平平淡淡的工作，於是想碰碰運氣，在網上申請海外工作的機會。一天，我收到一封電郵，邀請我到索契一間媒體公司從事文字工作，自此我的人生開始出現翻天覆地的變化。

初到異地，不諳俄語的我在當地日子過得不易。每月支薪兩萬盧布（約 2,200 港元），旅居市郊簡陋的房間，而僱主更經常拖欠薪水。當初對海外工作的浪漫想像與「入鄉隨俗」的真實體驗構成很大的落差。三個月後，適逢有機會加入國際媒體公司工作，我便向俄媒請辭，重新展開事業生涯。儘管如此，俄羅斯彷彿是一個未完的心結，而心裡一直很想重回這片陌生的土壤。

直至 2014 年，我離開了當時的工作，正在思考未來發展的方向。一位駐港俄羅斯記者轉介我於《俄羅斯報》在《南華早報》出版的特刊「Russia Beyond the Headlines」出任編輯，主要編採香港與俄羅斯的專題故事。這個機會讓我重新踏上俄羅斯這片土地，而且經常受邀出席政府或俄企主辦的媒體團和國際論壇。不經不覺，我已到訪十多個俄羅斯城市，每一段旅程也有不同的難忘經歷。

《走進陌生的國度：俄羅斯》這本書表面上是客觀紀錄這個國家經歷過的時代大事、描繪一些具代表性的人物和不同地方的風土人情，但實際上這些觀察是建基於我多年走訪這個國家的真實經歷。一如其他較陌生的國家，香港人只能透過外媒或外電編譯認識俄羅斯，在這些報導潛移默化下對俄羅斯產生刻板印象。這本書的出版原因在於拋磚引玉，希望透過我的第一身觀察，引起讀者對這個國家的興趣，重新想像和探索這個陌生的國度。

全書分為三個部份：第一部份題為「走遍俄國南北」，以文字和圖片向讀者解構七個俄羅斯城市的前世今生。當中不乏人們耳熟能詳的城市，如莫斯科、聖彼得堡和

符拉迪沃斯托克（又稱「海參崴」）；也有較少香港人踏足的地方，如喀山、索契、米爾內和克里米亞。作為全球面積最大的國家，俄羅斯的有趣之處是它的多元性，但城市之間在歷史文化迥異的同時，還是富有俄國的文化氣息。

第二部份圍繞「俄羅斯的靈魂」（Russian Soul）。這個對俄羅斯人的稱呼不時出現在俄國文學作品中，著名作者如托爾斯泰（Leo Tolstoy）、杜斯妥也夫斯基（Fyodor Dostoyevsky）和諾貝爾文學獎得主亞歷塞維奇（Svetlana Alexievich）也有談到俄羅斯的靈魂。而本書這部份收錄了一些具代表性的人物訪問，部份是叱咤俄國政治經濟的風雲人物，也有土生土長的平民百姓和流亡海外的難民。

第三部份名為「標題背後的故事」。回應香港與俄羅斯之間的資訊斷層，這部份重新輯錄和編撰過去採訪過的時事專題——由中俄關係、香港角色、金磚國家、代際差異、大型活動、反同志法，到貪腐文化等。雖然這些

專題將隨著瞬息萬變的國際形勢不斷演化，但是文章以第一手資料解構以上題材，為讀者提供另類和非西方主流的視角。

過去在俄羅斯四處闖蕩和冒險令我覺得它是一個令人既愛又恨的國家。每次當我決意離開，緣份還是把我帶回俄羅斯。這種循環彷彿令俄羅斯變成我生命的一部份。

我希望這本書能像當初邀請我首次踏足俄羅斯的那封電郵一樣，讓讀者有興趣走近這個陌生的國家，一起揭開它的神秘面紗。

## 第一章 | 走遍俄國南北

## 第二章 | 俄羅斯的靈魂

# 第三章 ｜ 標題背後的故事

# CHAPTER

走遍俄國南北

> "The play of light that bathes this ethereal city is a waking phantasmagoria, which makes Moscow one of a kind, without match in Europe."

# MARQUIS DE CUSTINE

# 時空旅行，穿越俄京

## 莫斯科

從未踏足俄羅斯的人，總對這個國家望而生畏。儘管她的幅員世上最廣，但是願意踏足這片神秘國土的旅人依然不多。法國作家古斯丁侯爵曾發表不少批評俄羅斯的言論。然而，自從他在 1839 年到訪俄國以後，卻被莫斯科的建築深深地震撼。他曾在遊記裡這樣形容莫斯科：「這個超凡脫俗的城市光影交錯，儼如夢幻景象，令莫斯科在歐洲自成一格、無可比擬。」

不少來訪莫斯科的旅客也對城市中不同時代和風格的建築留下深刻印象。莫斯科建築的神韻在於其設計集

百家之大成，並與藝術結合，將莫斯科的千年歷史濃
縮在空間氛圍中。若要拆解莫斯科的前世今生，當地
歷史建築是最好的時空門。

## 文藝復興啟蒙地標建築

談到莫斯科的地標建築，很多人會想起紅場（Red

紅場的「紅」，俄語為 "Кра́сная"，
同樣含有「美麗」的意思。

Square )。紅場的「紅」，俄語為 "Кра́сная"，同樣含有「美麗」的意思。換句話說，紅場亦可翻譯成「美麗的廣場」。作為城中最古老的廣場，紅場長 700 米，寬 130 米，總面積高於 91,000 平方米。儘管紅場常被譽為俄式建築的代表，它大部份卻是由一群意大利建築師所設計的，其中包括 Aloisio the New 等。

一如其他歐洲國家，俄羅斯在十五、六世紀時掀起「文藝復興建築」的熱潮，而不少建築設計深受意大利建築師的啟蒙。據史料記載，當時有超過 60 名意大利建築師被邀請到莫斯科，包括 Pietro Antonio Solari、Marco Ruffo、Antonio Gilardi、Pietro Antonio 和 Alovisio Antonio Solario 等。他們在莫斯科至少留下了 600 間教堂的設計。

以克里姆林宮旁邊的聖瓦西里主教座堂為例，它的總

體結構是由八座高低不同的小教堂圍繞著一座中央塔，而小教堂位於八個角落，標誌著中央塔的四方八面。其中小教堂的洋蔥形圓頂，據說在俄國沙皇伊凡雷帝統治時期首次出現的，因此被廣泛認為是俄式建築的特色之一。然而，這種洋蔥形圓頂的建築在東歐和中亞地區甚為普遍，並非俄國所獨有。洋蔥形圓頂有助避免屋頂積雪，適合嚴寒氣候，亦象徵著燃燒的蠟燭，是東正教禮拜不可缺少的元素。

同樣鄰近克里姆林宮的聖母升天大教堂更是糅合俄式建築與文藝復興意念的經典作品。教堂由意大利建築師 Aristotele Fioravanti 設計，按傳統東正教的建築模式，同時加入文藝復興時期的建築原則，注重建築物不同側面的表現力，將聖母升天大教堂融入教堂廣場的整體建築格局之中。比如教堂的南門與北門別面向教堂廣場，而教堂從南側看也會發現輕微的不對稱。這種錯落有致、講求空間多重角度、多層次分割的風格，則是受古俄羅斯信奉多神教時的建築風格影響。

聖瓦西里主教座堂這種洋蔥形圓頂的建築設計源自東羅馬帝國，在東歐和中亞地區甚為普遍，並非俄羅斯所獨有。

聖母升天大教堂糅合了俄式建築與文藝復興的風格。

## 蘇共理想仍在建築留痕

紅場附近的地標建築反映著沙皇時期歐俄之間的文化交流，而當時俄國皇室不時也會邀請歐洲的藝術家和建築師參與不同的建築項目。但距離紅場不到600米的莫斯科大都會酒店（Hotel Metropol Moscow），卻展示著俄羅斯另一段歷史。作為城中唯一一間「建於二十世紀初期仍然營運」的酒店，Metropol 是蘇共政權留下的歷史遺蹟，有「蘇聯人第二居所」的別稱。

酒店的牆身刻上前蘇共領袖列寧的一段說話：「只有無產階級的獨裁統治才能將人類從資本主義的壓迫中解放。」走進酒店大堂，內裡一片金碧輝煌。在酒店的角落更不時看到蘇聯憲法初稿，而當時國歌更寫在酒店的牆身。

參考歷史文獻，Metropol 這幢建築原意並非一

幢酒店，而是一所包含劇院的多用途文化中心。
Metropol 的命名，源自希臘文「metropolis」一
字，取其義為「城邦」（city-state）。雖然計劃被
擱置，酒店餐廳卻保留劇場的影子。餐廳前方有一個
小小的舞台，而列寧更曾多次在這個舞台上發表演
講。由於蘇聯時代不少政治精英參與共產黨大會時也
入住 Metropol，因此當時酒店不乏政治活動。

不過，最能代表蘇聯時期共產黨理想的建築，莫過
於位處市中心北部的全俄展覽中心（VDNKh）。
作為莫斯科最早和最大的展覽中心，VDNKh 在
1939 年對外開放，佔地共 317 公頃。在蘇聯時代，

毛澤東與史太林曾在莫斯科大都會酒店的
「紅色禮堂」會面。

VDNKh 曾一度命名為「全聯盟農業展覽館」和「蘇聯國民經濟成就展」，用以展示蘇聯各項科技成就，以及各共和國的風土人情。

VDNKh 內不乏具蘇共特色的設計。以雕塑作品《工人和集體農場工人》（*Worker and Collective Farm Worker*）為例，男主角手握鐵鎚，女主角舉著鐮刀，兩人手臂奮力上舉，像是在蘇共理想的感召下，充滿了力量和希望。

莫斯科市政府在 2014 年開始對 VDNKh（中譯為「全俄羅斯展覽中心」）進行復修工程，約 37 幢歷史建築已回復原貌。如今 VDNKh 是開放給遊客及公眾參觀的展覽中心，場內的展覽館也有關於蘇聯時代的介紹。遊走於 VDNKh 的不同角落，彷彿回到蘇聯時代。看著金光燦爛的民族友誼噴泉（Friendship of Nations Fountain），加上旁邊身穿不同民族服裝的工作人員，容易令人緬懷昔日

每逢冬天，VDNKh 也設有溜冰場。

蘇共政權的風光歲月。

## 時空旅行，始於鐵路

若要在莫斯科體驗「超越時空」，最理想的交通工具
是地下鐵路。作為城中最普遍的交通工具，乘搭地下

鐵路彷彿是一種新的宗教儀式。每天，來自世界各地的乘客也可以透過車站內的藝術作品，回顧蘇聯時代。

莫斯科的地下鐵路雖然只有 84 年的歷史，但是它透過空間語言，將俄羅斯在不同時代所追求的永恆展現出來。蘇聯建國不久便開始建造地下鐵路，當時國家領導人史太林將莫斯科地下鐵路項目視為對人民支持政權的一種回報，曾表明要讓車站成為「人民皇宮」」（The People's Palaces）。

莫斯科地鐵站的建築風格可按時代分為四類：第一類是在 1930 年代初建成的車站，大多以鄰近的街道名稱命名，在建築設計上亦較單調；第二類是 1940 年代和 1950 年代初建成的車站，設計時多以蘇聯在第二次世界大戰獲勝為題材；第三類在史太林死後建成，建築風格重歸簡樸；第四類在蘇聯解體以後建成，建築設計採用現代風格，與世界各地的車

站在設計上沒有很大分別。

以地鐵站 Mayakovskaya（中譯為「馬雅科夫斯基」站）為例，它被譽為是莫斯科最美麗的車站。車站以俄羅斯未來主義的代表詩人 Vladimir Mayakovsky 的姓氏來命名。Mayakovsky 筆下曾想像蘇聯政權的美麗將來，而車站內亦按照這個題材，在天花佈置一共 34 個鑲嵌圖案。圖案由畫家 Alexander Deyneka 設計，主題為 24-Hour Soviet Sky（中譯為「二十四小時蘇聯的天空」）。

地鐵站 Mayakovskaya 以俄羅斯未來主義的代表詩人 Vladimir Mayakovsky 的姓氏來命名。

每位來到 Mayakovskaya 車站的乘客，只要抬頭
仰望，便會看到蘇聯藝術家所想像的美好新世界。
地鐵站 Revolution Square（中譯為「革命廣場」
站）是另一個例子。車站在 1938 年啟用，以附近的
革命廣場命名。車站內陳列著 76 件人物雕刻，包括
農民、獵人、工人和士兵等，寓意蘇聯時代人民的團
結和偉大。儘管蘇聯政權在車站啟用 53 年後解體，
這些雕刻背後所寄寓的理想仍然可以透過同一個
空間，與今日莫斯科的市民交流。

地鐵站 Revolution Square 以附近的革命廣
場命名，車站內陳列著不少栩栩如生的人物雕刻。

## 擴建俄京，寄寓未來

雖然莫斯科這座城市充滿歷史痕跡，但市政府在過去十年卻銳意一改首府的國際形象，將它打造成超級城市。早在 2011 年，時任俄羅斯總理梅德韋傑夫經已提出擴大莫斯科市區的計劃，打造「新莫斯科」。

「新莫斯科」這個項目不但將城市的面積擴展至 2,500 平方公里（為原莫斯科市面積之 2.5 倍），而且計劃將城市轉型為多元中心。新區規劃包括將聯邦政府的行政機關從市中心遷到新區、強化新區與市中心的交通聯繫和在新區建立產業區。

位於市郊的莫斯科斯科爾科沃創新中心與管理學院是「新莫斯科」的地標之一。該區佔地 13.1 萬平方米，以彎曲的玻璃幕牆為中心，一方面為科技初創公司提供空間，另一方面學院為俄羅斯培育未來商界領袖。

以管理學院的建築為例，校舍由三個環環相扣的圓環建築組成，分別為東環、中庭和西環。建築主要採用玻璃幕牆，為了優化日光射進室內。從建築的外形已充份體現其靈活性，寓意創業家的創新精神。

世界級建築大師法蘭克・蓋瑞（Frank Gehry）曾說：「建築應該反映它所身處的時代與地點，但同時它又渴望永恆。」（Architecture should speak of its time and place, but yearn for timelessness.）

世上大概沒有人能預測莫斯科的建築能否永恆。唯一確定的是，它展現著莫斯科的生命力，將俄羅斯在不同時代所追求的理念透過建築向一代代的俄羅斯人傳承下去。

斯科爾科沃創新中心與管理學院被譽為是「俄羅斯的矽谷」。

"To walk the streets of St. Petersburg on a clear evening during the white nights is one of the world's most sublime urban experiences."

Author of St Petersburg: Three Centuries of Murderous Desire

# JONATHAN MILES

聖彼得堡

俄國故都的前世、
今生與未來

Санкт-Петербург

「在澄明的白夜時分走在聖彼得堡的街頭，是世上最棒的城市體驗之一。」歷史學家 Jonathan Miles 如是說。每年 6 月下旬，位於北緯 60 度的聖彼得堡也會出現「白夜」（俄語為 белая ночь），天邊不分晝夜，透出自然的光亮。沿著穿插城市的運河，彼岸盡是歐陸風格的建築。舉目四顧，城中滿是劇院、畫廊和博物館，洋溢著濃厚的文化氣息。

這是聖彼得堡——俄國的文化之都，由彼得大帝在 1703 年成立，被喻為「歐洲之窗」。聖彼得堡曾有 200 多年是俄羅斯首府，這城市常在俄國的

聖彼得堡的白夜時分，天空一片澄明。(Photo by Tatiana Zhukova on Unsplash)

經典文學作品出現，如杜斯妥也夫斯基（Fyodor Dostoyevsky）的《罪與罰》（*Crime and Punishment*）和托爾斯泰（Leo Tolstoy）的《戰爭與和平》（*War and Peace*）等。不少作家、音樂家和藝術家也曾在這裡工作與旅居，包括普希金（Alexander Pushkin）、柴可夫斯基（Pyotr Tchaikovsky）和夏卡爾（Marc Chagall）等。

但是在這座美麗的城市背後，卻是一段段沉重的歷史。聖彼得堡擁有三個名字：Petrograd（彼得格勒）、Leningrad（列寧格勒）和 Saint Petersburg（聖彼得堡），而每個名字也反映著它血腥的過去。這座城市又稱為「革命的搖籃」，見證著 1905 年的血腥星期日、1917 年推翻沙皇的二月革命和十月革命。在這些革命發生之時，聖彼得堡正是俄國的首都。

## 聖彼得堡的身份危機

在 17 世紀末期，彼得大帝在歐洲旅居兩年，是首名到訪歐洲的俄國沙皇。歷史學家對他的評價不一，有人肯定他的改革精神，有人則指他過於急進，漠視國家發展的自然進程。他到訪了倫敦、里加與阿姆斯特丹等歐洲城市，其中對阿姆斯特丹情有獨鍾。於是，他回國後決意以阿姆斯特丹作為模型，在俄國打造一個新的港口和運河首都，作為他的「歐洲之窗」。他

| 彼得大帝的雕塑彷彿象徵著聖彼得堡的過去。

更聘請意大利建築師 Domenico Trezzini 和法國建築師 Jean-Baptiste Alexandre Le Blond 規劃聖彼得堡的藍本。

歷史學家估計，在建造聖彼得堡的最初 18 年間，彼得大帝動員約 54 萬人，而過程中造成約 3 至 10 萬人死亡。19 世紀歷史學家 Vasily Klyuchevsky 更直言：「在軍事歷史的史冊上，沒有戰役的死亡人數比在建造聖彼得堡時喪生的工人人數更多。（It would be difficult to find in the annals of military history any battle that claimed more lives than the number of workers who died in the building of St. Petersburg.）」

直至 1914 年，聖彼得堡易名為彼得格勒。適逢第一次世界大戰，當時俄羅斯帝國與德國開戰。歷史學家 Solomon Volkov 在他的著作 St. Petersburg: A Cultural History 提到，戰爭令愛國主義冒起，而聖彼得堡城市名字的起源雖是荷蘭，民眾卻認為其與德國相關，於是在沒有認真討論下便將之易名為彼得格勒。

三午後，俄羅斯帝國爆發二月革命和十月革命，推翻沙皇政權。彼得格勒這個名字沒有很久的歷史。1924 年 1 月 26 日，城市再被易名為列寧格勒，紀念當時剛剛離世的蘇聯領袖列寧（Vladimir Lenin）。這次易名突出城市的共產主義象徵，徹徹底底將彼得大帝建立「歐洲之窗」的初心除掉。易名

20 年以後，列寧格勒再次面臨大災難。在第二次世界大戰期間，列寧格勒曾被圍城 872 日，其後更爆發大規模飢荒，造成數以千萬計的人命傷亡。

直至 1991 年，列寧格勒公民進行公投，決定將城市重新命名為聖彼得堡。雖沒有煙花、沒有演說、沒有慶祝，當地人還是歡迎聖彼得堡的身份回歸，因它意味著城市再一次成為俄羅斯與歐洲的文化橋樑。

## 從博物館之都到潮爆藝術都市

儘管聖彼得堡背負著沉重的歷史包袱，但它已隨著社會穩定，加上市政府的大力規劃，搖身一變成

作為「革命搖籃」的聖彼得堡至今仍間中發生示威活動。（Photo by Кирилл Жаркой on Unsplash）

冬宮博物館內一位修讀藝術的學生。
(Photo by Random Institute on Unsplash)

為世界級的「博物館之都」。以位於昔日沙皇住所的冬宮博物館（又稱「艾米塔吉博物館」，State Hermitage Museum）為例，它是全球最大的博物館之一，館內展品超過 300 萬件，其中包括荷蘭傳奇畫家林布蘭（Rembrandt van Rijn）、梵高（Van Gogh）、西班牙抽象派大師畢加索（Pablo Picasso）和意大利文藝復興巨匠達文西（Leonardo da Vinci）等的作品。

除了政府悉心建設國家博物館，也有私人收藏家選址聖彼得堡設立私人博物館。全國最大的私人博物館

Erarta Museum of Contemporary Art 就是一個例子。Erarta 由女商人 Marina Varvarina 所創，其名字可分拆為 Era 和 Arta 兩字，俄語翻譯為「藝術的時代」（The era of art）。博物館設於瓦西里島（Vasilyevsky Island）上的一個後工業區，定位主要是促進俄國當代藝術，館內展出逾 2,000 多件俄國當代藝術作品，令人耳目一新。市內當然還有其他以近代藝術為題材的博物館，如以 20 世紀為主題的 Novy Muzei（新博物館，New Museum）便是另一個例子。

作為俄羅斯的文化之都，聖彼得堡在視覺藝術以外，同樣重視表演藝術。其中以馬林斯基劇院（Mariinsky Theatre）最為著名。劇院以歷史悠久的舞蹈團馬林斯基命名，在蘇聯時期又被稱為「基洛夫芭蕾舞團」。舞蹈團曾經的成員包括尼金斯基（Vatslav Nijinsky）、雷里耶夫（Rudolf Nureyev）和巴甫洛娃（Anna Pavlova）等芭蕾

聖彼得堡被譽為是俄羅斯的文化之都。

舞巨星。劇院裝修金碧輝煌,在此欣賞經典芭蕾舞表演,令人感覺儼如時空旅行。

近年這個城市的藝術發展越來越走向大眾化和生活化。距離市中心約 20 分鐘車程的一個工業區,便設有俄羅斯首個街頭藝術博物館——Street Art Museum。有別於傳統的博物館,街頭藝術博物館位處市郊,坐落在一幢仍然運作的工廠內。館內的展品不乏政治敏感題材,由反政府到反普京,還特設空間讓街頭藝術家嘗試和探索不同的創作形式。

與此同時,聖彼得堡市政府正在活化昔日彼得大

帝的舊造船廠，將之打造為時尚的文化勝地。早
在 2010 年，俄羅斯富豪阿巴莫域治（Roman
Abramovich）旗下公司 Millhouse 便斥資四億
歐羅（約 34 億港元），將位於 New Holland 的造
船廠改建成公園和文娛藝術空間，在 2016 年正式
開放予公眾。目前該文化區已結集特色書店、文藝咖
啡館、藝術展覽和演出空間等。整個活化計劃預期在
2025 年完工。

## 蛻變中的創科樞紐

聖彼得堡不單是俄國的文化之都，它在經濟與創科
方面的地位亦舉足輕重。自 1997 年起，這裡便舉
辦全國最重要的經貿會議——聖彼得堡國際經濟論壇
（St. Petersburg International Economic
Forum）。與會者包括全球的國家元首、政府部門
首長和企業領袖，聚首一堂談經貿合作。曾出席論壇
的中方代表包括中國國家主席習近平、阿里巴巴創始

人馬雲和恒隆集團及恒隆地產的董事長陳啟宗等。

此外，聖彼得堡是俄羅斯最成功的科創公司之一 Vkontakte 的誕生地。Vkontakte 為俄羅斯和前獨聯體國家最受歡迎的社交媒體，在全球擁有超過一億名用戶。由於聖彼得堡的生活指數與人力資源成本較莫斯科低，加上城市一級學府聖彼得堡國立資訊科技機械與光學大學（又稱「聖光機大學」，St. Petersburg State University of Information Technologies, Mechanics and Optics）和聖彼得堡國立理工大學（St. Petersburg State Polytechnical University）等盛產科技人才，使聖彼得堡吸引了不少創科公司進駐。

踏入 2020 年，聖彼得堡市長 Alexander Beglov 提出了一個新口號：「聖彼得堡已回到俄羅斯的議程之上。（St. Petersburg is back on

Russia's agenda.）」適逢新任市長銳意提升聖彼得堡在國家的經貿地位，高達 462 米的拉赫塔中心（Lakhta Center）即將開幕。中心是全歐洲最高的摩天大廈，其三分之二的辦公室區域將成為俄羅斯能源巨頭 Gazprom 新總部。

屹立在聖彼得堡市中心，拉赫塔中心表面上看起來像火炬，與 Gazprom 的企業標誌不謀而合。但更明顯的是，聖彼得堡這座城市的雄心不再只是彼得大帝所想的「歐洲之窗」，而是帶領著俄羅斯走向「歐洲之最」。

位於聖彼得堡的拉赫塔中心，是俄羅斯及全歐洲
最高的建築物。

# "If Peter the Great were alive today he would relocate the capital to Vladivostok not St Petersburg."

Carnegie Moscow Center

# DMITRI TRENIN

# 既熟悉又陌生的
## 遠東城市

符拉迪沃斯托克

海參崴——對不少中國人來說，是一個既熟悉又陌生
的名字。海參崴確實盛產海參，但它的名字來自滿
語，具「海邊小漁村」之意。它同時喚起中國人對第
二次鴉片戰爭的回憶：清政府與俄羅斯帝國在第二次
鴉片戰爭後簽訂《中俄北京條約》，將烏蘇里江以東
（包括海參崴和庫頁島）劃歸俄國國土。

如今，幾乎所有的中文翻譯也將這個城市稱為「符拉
迪沃斯托克」——在俄語，這解作「東方主宰」。曾任
蘇聯共產黨中央委員會第一書記的赫魯曉夫（Nikita
Khrushchev）在 1959 年 到 訪 舊 金 山（San

Francisco），認為它與符市在地理環境上相似，同樣被大型海灣圍繞，而背靠陡峭的山丘，於是形容符市為「我們的舊金山」。其後符拉迪沃斯托克成為蘇聯的戰略基地和海事要塞，一度不向外國人開放，禁令直至 1992 年才解除。

位於符市的托卡內夫燈塔建於 1876 年，是俄羅斯遠東地區最古老的燈塔之一。(Photo by Elina Sitnikova on Unsplash)

## 俄羅斯的「東方之都」

連接莫斯科與遠東地區的西伯利亞鐵路長達 9,288 公里，而符市正是鐵路的終站。即使符市不再是封閉的軍事要塞，它仍是俄羅斯太平洋艦隊司令部所在地。站在瞭望台，旅客偶爾還能看到俄羅斯的航空母艦停泊在金角灣的港口。

不過，作為俄羅斯的「東方之都」，符市的風貌在過去 20 年有了翻天覆地的改變。2012 年，俄政府

符拉迪沃斯托克為西伯利亞鐵路的終點站。

選擇在符市舉行亞太經合組織領導人峰會，並投資約 213 億美元優化當地基建，包括興建俄羅斯島大橋（Russky Island Bridge）和擴建機場等。卡內基莫斯科中心（Carnegie Moscow Center）Dmitri Trenin 曾這樣肯定符市的重要：「假如彼得大帝仍在生，他遷都的決定將是符拉迪沃斯托克而非聖彼得堡。」

為舉行 2012 年亞太經合組織領導人峰會，俄政府斥資約 11 億美元興建俄羅斯島大橋，這也是世界上最長的斜拉橋。

由於符拉迪沃斯托克位於俄羅斯與中國和朝鮮的邊境交界，鄰近中國東北三省，它成為了俄羅斯「向東看」國策的戰略城市。隨著 2014 年克里米亞事件引發歐美與俄交惡，普京大力鼓吹與東方盟友合作，而中國更佔重要的一席位。

俄政府自 2016 年起每年都在符市舉辦東方經濟論壇，由國家領導人普京主持，與亞太區國家元首、部長和企業談經貿合作。曾出席東方經濟論壇的中國代表包括國家主席習近平、中國國務院副總理胡春華和騰訊主要創始人陳一丹等。

目前已有不少航空公司的航班往來符市與亞洲的主要

自 2016 年起，俄羅斯政府每年在符拉迪沃斯托克舉辦東方經濟論壇。

城市。以香港與符市為例，俄羅斯航空和西伯利亞航空公司隔天便有直航機來往兩地，航程約五小時。地區航空公司如符拉迪沃斯托克航空等也有營運來往北京、首爾和大阪等城市的航班。

## 昔日軍塞　明日賭城

符市一直是中國東北遊客旅遊的熱門景點，而近年盧布貶值令當地消費水平更相宜，成為吸引中國遊客的另一賣點。單是在 2018 年，已有 78 萬中國遊客到訪符市所處的濱海邊疆區。

濱海邊疆區位於俄羅斯遠東地區，具備世界罕有的自然生態。其中的亮點包括最大的貓科動物——阿穆爾野虎（也稱「西伯利亞虎」，Amur Tiger）。根據《國家地理》雜誌的文獻記載，目前世上僅餘 400 至 500 隻阿穆爾野虎。

為了促進當地旅遊業發展，地區政府增設歌劇院、水族館和賽車場等旅遊設施。例如聖彼得堡著名的馬林斯基劇院（Mariinsky Theatre）就在符市開設新歌劇院，讓對東歐文化有興趣的人毋須遠赴歐洲，便能欣賞世界級的表演藝術。當地的水族館除了接待遊客外，也作為科研之用，希望為符市吸引不同類型的遊客。至於賽車場則不時舉行比併跑車飄移的 D1 PrimRing 格蘭披治。

除此以外，符市郊區更設賭博區，銳意將城市打造

馬林斯基劇院代表璀璨的文明。

成「北亞澳門」，吸納來自中國和鄰近國家的賭客。全國最大賭場水晶虎宮殿（Tigre de Cristal）正位於此，內有 53 張賭枱和 321 部吃角子老虎機。賭場以法語命名，水晶與虎分別指阿穆爾野虎和寒冬時的冰天雪地，而建築設計沿用現代風格，加入不少水晶、大理石和現代藝術品等作裝飾。賭博區內還將新增另外兩間賭場，分別由金界控股（Nagacorp）及鑽石財富集團（Diamond Fortune Holdings Prim）注資，並將在 2025 年全面運作。

## 歷史爭議仍是民間熱話

儘管在符市的中俄交流頻繁，但民間對這座城市的了解卻不一致。在中國的社交網站上，不時有用戶形容符市為「未收復的失地」，亦有到訪的遊客表示，「海參崴是中國的領土」。但這種民間說法在俄羅斯並不受落——其爭議在於，俄方認為符市所在地區從未受漢族統治，而清政府代表的是滿洲地區的胡人，並非

今日以漢人為主的中國。

不過，即使在俄國統治下，符市曾經也有接近 30%
的中國人口。雖然符市早有華人的足跡，但在當地並
沒見到太多具中國特色的建築。不過符市近郊分別有
四個中國市場，主要售賣中國製造的貨品（如建築材
料、家居用品），還有中國餐廳等。

在 1958 年，蘇聯政府將當地封鎖成軍事區，當地
的外國人口銳減，到 1991 年蘇聯解體後才重新對外
開放。中俄政府亦在 1991 年以來達成一系列共識，
並劃定一條 4,300 多公里長的邊境線，確認彼此領
土的從屬。

另一邊廂，也有中國學生因中俄關係友好而選擇到
符市留學。據俄羅斯遠東聯邦大學（Far Eastern
Federal University）的數據顯示，該校逾一半
的國際學生來自中國。與此同時，符市也掀起「漢語

熊樂平（前排左二）認為與俄羅斯結緣是命運的
安排，而越了解俄羅斯，這份感情就越深刻。

熱」，不少俄羅斯人在孔子學院修讀漢語。

活在中俄文化的夾縫之中，也有對俄羅斯文化一片丹
心的年輕人。在一次參觀遠東聯邦大學的過程中，一
位來自湖北武漢的學生熊樂平與我分享他的故事：他
在全國俄語大賽中脫穎而出，獲獎學金赴遠東聯邦大
學留學，這段經歷改變了他的人生。

他這樣說：「中俄關係處於『歷史最佳時期』，而兩國
的緊密合作需要更多的專業人才。遠東是俄羅斯當前
發展的重要方向，也是亞太合作的巨大平台。不過，
我認為與俄羅斯結緣是命運的安排。俄語作為一種專

業學習已成我生活的一部份，越了解俄羅斯，這份感
情就更深刻。我為此驕傲。」

"Never before have the Olympic Games been held in a region that contrasts more strongly with the glamour of the Games than Sochi."

Author of The Sochi Project

# ARNOLD VAN
# BRUGGEN

# 一個奧運城市的華麗轉身

## 索契

位於俄羅斯西南部，索契在國際上一度寂寂無聞。直至 2007 年，它被選為 2014 年冬季奧林匹克運動會的主辦城市，自此受到國際關注。索契背靠高加索山脈，面向黑海，以其亞熱帶氣候成為蘇聯時代的度假勝地，亦是歷屆冬奧城市中最溫暖的城市之一。

索契冬奧是俄羅斯在蘇聯解體以來首次申辦的奧運。為迎接來自世界各地的奧運選手和旅客，俄國政府斥資接近 500 億美元為索契改頭換面，希望將它打造成「世界級的滑雪勝地」。

索契位於克拉斯諾達爾邊疆區，而由邊疆區市中心乘鐵路到索契需約 4 至 12 小時。

可是對俄羅斯人來說，索契並不是無名小鎮。在歷史上，索契在俄羅斯帝國時期儼如皇室貴族的「夏宮」（即國家元首或君主夏季度假避暑的居所）。直至蘇聯時期，列寧（Vladimir Lenin）銳意將這個城市打造成「勞動階層的天堂」，大量興建溫泉療養院，後來史太林（Joseph Stalin）更於 1937 年在此興建豪華的別墅。索契代表當時人民的集體回憶。在一方面，蘇聯政府為工人提供補貼，讓他們可在不同的療養院度假；另一方面，在鐵幕時代，大部份蘇聯人無法出國，而索契是少數具備陽光與海灘的度假小鎮，因此吸引了不少蘇聯家庭到訪。

自蘇聯時代，索契已是俄羅斯人的度假勝地。

## 夏宮變身成冬奧城市

作為俄羅斯少數的亞熱帶地區，索契偏偏被選為代表
俄羅斯申辦冬奧的城市，令很多人摸不著頭腦。其
實，索契分為兩個地區：一是鄰近黑海的市中心，受
海洋氣候影響，全年的平均氣溫約攝氏 14 度，甚少
下雪；二是離市中心約 48 公里的卡拉斯拉雅波利
亞納（Krasnaya Polyana），為高加索山脈的一
部份，而山上具備滑雪的地理條件。

目前索契有四個滑雪度假村，全是在冬奧前後建成。滑雪區的頂部位處海拔 2,320 米，而大部份的酒店則在海拔 560 米的低原，旅客需乘搭纜車來回酒店與滑雪區。滑雪區裡最大的滑雪度假村是艾斯托夏多克（Rosa Khutor）——它擁有長達 72 公里的滑雪道，曾經是冬奧自由式滑雪和單板滑雪比賽的場地，適合不同程度的滑雪愛好者。

為了迎接冬奧，索契華麗轉身的代價不只是 500 億美元。當地政府大興土木，包括興建一條連接市中心到滑雪區的鐵路及嶄新的國際機場。數以千戶計的居民被迫搬遷，而部份可留在卡拉斯拉雅波利亞納的住戶，則需要承受大量基建項目對居住環境附近生態的

索契市中心與滑雪勝地卡拉斯拉雅波利亞納相距約 48 公里，當地居民多以駕車代步。

破壞。

攝影師 Rob Hornstra 和作者 Arnold van Bruggen 花了 5 年時間旅居索契，捕捉這座城市在 2009 至 2014 年間為籌備冬奧的變遷，並出版了 *The Sochi Project: An Atlas of War and Tourism in the Caucasus* 一書。其中 Arnold van Bruggen 的總結更突出索契城市面貌轉變之強烈：「史上從沒有一個主辦奧運的地區之華麗比索契更富鮮明的對比。」

## 旅居見證社會投機風氣

2011 年，我受聘在當地從事文字工作，那時我的月薪約 2,000 港元。當地的基建很糟糕，每天上班，我和一眾乘客一同乘搭接近密封卻沒空調的巴士，在擠擁的車廂享受大家呼出來的二氧化碳。整個城市只有一條公路，由早到晚也在交通擠塞。冬奧前的索

契，整個社會沉迷著一些短暫的投機行為，例如意大利餐廳為賺遊客生意加設冒牌的日本菜，一瓶兩公升的可樂賣 40 港元，或業主索性將房間以高價出租。

當時上司常常告訴我，他相信公義，但他卻將同事賴以為生的薪金一拖再拖，對他們的要求總是分外苛刻。他時常沾沾自喜：自己在這個冬奧城市最大的媒體公司身任要職。然而，這個城市少於 40 萬人，而這間公司的規模不過是數十人。我曾向一位同事抱怨。她這樣說：「在我們眼中，這個城市，或是這間公司，也如你眼中所見的荒誕。但我們最大的分別是，你只是過客——你的人生仍然充滿選擇。」

## 冬奧寄寓俄羅斯夢

成本不菲的索契冬奧在 2014 年 2 月 7 日揭幕，而開幕典禮的文化表演更含意深遠。以「俄羅斯之夢」為主題，這齣別具心思的表演以索契為舞台，向國際

社會和舉國上下訴說「新俄羅斯」的故事。

開幕典禮先以俄語的 33 個字母配詞，透過歷史人物、文學作品或科學發明等表現俄國文化的博大精深。然後運動員按代表國家的俄語字母先後進場。其中俄語的最後一個字母 я 的配詞為 Россия，別具心思──俄語的 я 與英文的 I 相同，具「我」的意思，而「俄羅斯」的俄語正是 Россия。

運動員進場後的文化演出圍繞一位取名為「愛」（Любовь）的小女孩之夢境，夢中她穿梭時空，回顧俄國的經典文學作品和歷史大事── 例如《戰爭與和平》（War and Peace）、彼得大帝、工業革命和二戰等。最後小女孩放飛手裡拿著的紅色氣球，氣球向半空飄去，寓意俄羅斯新一代放下歷史的包袱，對「新俄羅斯」一飛沖天的未來心存盼望。

整齣表演採用「童話故事」的敘事手法，予人絢麗和

神幻的感覺。除了「小女孩」以外，主辦單位亦安排
三隻吉祥物，分別為雪豹、北極熊和小兔出場。事實
上，童話在俄羅斯文化一直扮演非常重要的角色。正
如蘇聯領袖史太林曾這樣說：「我們出生是為了令童
話成真。（We were born to make fairy tales
come true.）」

## 索契童話成「真」以後

索契的華麗轉身也恍如童話，但問題是，在奧運以後
它能否延續傳奇。2016 年，我終於重回索契。走
在索契的街道，除了多了英語路牌以外，還多了空
置的高樓大廈、半途而廢的「爛尾樓」，屹立在城市
最高尚的地段。來回市中心和滑雪場地的鐵路亦由每
小時數班改為數小時一班。實情是，對一個人口只有
40 多萬的城市而言，這些工程對居民來說不過是大
而無當。我問當地的朋友：「政府不是為冬奧投資了
一些基建項目嗎？」他們回答：「蒸發了。」他們不

冬奧過後，索契市中心的街道不時會看到半途而
廢的「爛尾樓」。

是為了餬口而離鄉別井，便是賦閒在家，由父母供
養。

由於缺乏市場，部份私人投資者在冬奧過後撤資。富
豪維克塞伯格（Viktor Vekselberg）曾斥資 5 億
美元在奧林匹克公園附近興建兩間酒店，而最終他將
其中一間酒店轉讓予地區政府，並撤回向俄羅斯發
展及外經貿銀行（Vnesheconombank）申請的
4.5 億美元貸款。

為了刺激奧運以後的索契旅遊業，政府致力向國民推廣索契作為滑雪勝地，又在當地舉辦多個大型商務和娛樂活動，包括俄羅斯投資論壇（Russian Investment Forum）、俄羅斯一級方程式錦標賽（Russian Formula-1）和 2018 年世界杯的部份賽事等。此外，政府又特許索契加盟成為全國合法賭博區之一，同時在市郊興建以東正教為主題的度假村。如今，索契已躍升為全國第三的旅遊城市（繼莫斯科和聖彼得堡後），每年遊客數目超過 600 萬。

也許，史上確實沒有像索契般如此充滿對比的奧運城市。唯一確定的是，索契的傳奇不但貼上了 500 億美元的價格標籤，它還關乎俄羅斯政府的體面。因此，政府的「無形之手」只會讓索契繼續華麗下去。

卡拉斯拉雅波利亞納的度假村模仿歐陸設計，希望成為「世界級的滑雪勝地」。

"If you want to know why so much blood spilled on this land, just look at the map: if you control Crimea, you control the Black Sea."

ALEXANDER KUTS

# 逃不開歷史詛咒的黑海城市

## 克里米亞

「如果你想知道為甚麼有那麼多的血灑在這片土地上，只需看一下地圖：假如你控制了克里米亞，就可以控制黑海。」當地歷史學家 Alexander Kuts 接受外媒訪問時如是說。

2014 年 2 月 27 日，一群蒙面槍手入主克里米亞（Crimea）的議會，適逢議會剛通過罷免時任總理 Anatolii Mohyliov。新總理 Sergey Aksyonov 上任後向俄羅斯政府求援，又在 3 月 16 日舉行公投，以 95.5% 的支持率通過脫離烏克蘭政府，並要求加入俄羅斯。在短短一個月之間，克

克里米亞的自然景觀吸引了不少遊客。
(Photo by Artem Bryzgalov on Unsplash)

里米亞便改掛了俄羅斯的國旗。這事件在國際社會引起很大的迴響，亦引發了俄羅斯與西方社會的「第二次冷戰」。

歷史上克里米亞飽歷戰火——單是在 1854 年的克里米亞戰爭，已有 90 萬名士兵陣亡。當時的英國戰地記者 William Howard Russell 也有記下克里米亞戰爭對各國士兵的創傷——他形容當時克里米亞的「空氣散發著鮮血」（The air stinks of blood）。其後在第二次世界大戰，納粹德國的空軍幾乎摧毀了當地的塞瓦斯托波爾（Sevastopol）港，而超過 25 萬名蘇聯士兵在這場戰役為抵抗納粹

德軍而捐軀。

## 地緣優勢成兵家必爭之地

克里米亞位於黑海北部海岸，其塞瓦斯托波爾港是俄
羅斯唯一的溫水基地，亦為俄軍提供前往地中海東部

當地的戰爭博物館展示一幅描繪克里米亞戰
爭的藝術作品。

和中東的海上通道。俄羅斯自 18 世紀便開始統治克里米亞，並早在 1783 年在塞瓦斯托波爾成立黑海艦隊。

在 50 年代，有一半烏克蘭血統的蘇聯領袖赫魯曉夫（Nikita Khrushchev）將克里米亞轉移給烏克蘭作為政治禮物，但是當時俄羅斯和烏克蘭同屬蘇聯政權，所以此舉只有象徵意義。直至蘇聯解體，克里米亞便成俄羅斯與烏克蘭在外交談判上的重要議題。

塞瓦斯托波爾港在歷史上是兵家必爭之地。

經過多番談判，俄羅斯在 1997 年與烏克蘭簽訂條約，允許俄羅斯將其黑海艦隊保留在港口，條約其後延至 2042 年，可見港口對俄國海軍的戰略重要性。

然而，相關條約對俄羅斯存在一定掣肘，例如每次俄方改善或更換艦隊船隻都需要得到烏克蘭政府的同意。加上烏克蘭有意申請加入歐盟，令俄羅斯擔心克里米亞會成為歐美主導的北大西洋公約組織之軍事要地，威脅俄羅斯的國家安全。

## 種族分歧埋下衝突伏線

除了因戰略位置而成兵家必爭之地，克里米亞的種族分歧亦埋下衝突伏線。一直以來，俄羅斯人、烏克蘭人、韃靼人三個在克里米亞共存的族群各有恩怨。早在俄羅斯帝國統治以前，克里米亞主要由韃靼人定居，佔當地人口的 80%。根據歷史文獻記載，在第二次世界大戰以前，韃靼人仍佔克里米亞人口四分之

一，僅次於俄羅斯人。當時克里米亞是蘇聯政府轄下的自治區，俄語和韃靼語同為當地的官方語言。

二戰期間，蘇聯領袖史太林（Joseph Stalin）因懷疑韃靼人與納粹德軍勾結，於 1944 年將超過 23 萬名韃靼人驅逐到西伯利亞和中亞國家進行勞改，並取締克里米亞自治區的身份。部份被驅逐的韃靼人在 80、90 年代回到克里米亞，但隨著蘇聯政權解體，這裡已變成烏克蘭領土的一部份。但是，當時克里米亞半島的人口仍以俄羅斯人為主。以 1989 年的數據為例，當時約 160 萬的人口中，俄羅斯人佔 65.6%，烏克蘭人佔 26.7%，而韃靼人因仍被流放，所以只佔 1.9%。

克里米亞種族分佈的尷尬之處在於，它的俄羅斯人比烏克蘭人和韃靼人多。2019 年，在克里米亞約 220 萬的人口中，俄羅斯人不跌反升，佔整體 68%，烏克蘭人則佔 16%，而韃靼人只佔 11%。

另一邊廂，當地的俄羅斯人和烏克蘭人亦因語言和身份認同差異暗藏磨擦。在蘇聯時期，俄語和烏克蘭語共為烏克蘭的官方語言，大部份人也能操這兩種語言。但自蘇聯解體後，烏克蘭立憲法（第 10 條）規定烏克蘭語是「國家語言」，而俄語則與其他少數民族語言同被視為「區域性官方語言」。烏克蘭的語言政策被視為「反俄」的端倪，廣受居於烏克蘭的俄羅斯社群批評。

整體來說，三個族群的衝突主要流於歷史文化層面，而此地區又以俄羅斯人為主，因此當地人在 2014 年公投作出「脫烏入俄」的決定亦是可料之數。問題是俄方在公投前借「保護當地俄羅斯人」為名，派軍

自蘇聯時代，克里米亞已是最受俄羅斯人歡迎的度假勝地之一。

隊進駐當地，違反國際公約。

## 在大國博奕夾縫中求存

克里米亞「脫烏入俄」後，俄羅斯舉國慶祝。總統普京在公開演說時提到「克里米亞在國民的心目中，一直是俄羅斯不可分割的一部份。」他當時的民望更創新高。與此同時，俄羅斯以 К р ы м н а ш（中譯為「我們的克里米亞」）作為政治口號，鼓勵國民前往克里米亞，振興當地旅遊業。

在蘇聯時代，克里米亞與其他黑海城市（如索契等）皆為旅遊勝地。克里米亞引人入勝之處在於其自然景觀的多樣性——在一個小小的半島上，有山脈、草原、森林、鹽湖與海灘。除了氣候溫和、鄰近黑海，克里米亞亦以釀葡萄酒聞名。當地盛產雷司令（Riesling）和黑皮諾（Pinot Noir）兩款用於釀酒的葡萄，至今仍保存兩家由沙皇時期就開始營運的酒

莊。在這些酒莊品酒亦成為遊客獨特的文化體驗。

俄羅斯入主克里米亞以後,當地經濟面對歐美制裁的壓力。以葡萄酒為例,由克里米亞出口至歐洲國家的成本增加 20%,而俄羅斯市場的購買力亦因盧布貶值而下降,大大減少酒商利潤。加上烏克蘭政府警告,任何外國人未經烏克蘭政府同意,不得進入克里米亞,否則有可能被烏克蘭政府拒絕入境。這亦大大打擊外國遊客前往克里米亞的意欲。

有見及此,俄羅斯政府需要作出大量補貼,資助當地發展。據 2019 年彭博的報導,克里米亞仍是俄羅斯最貧窮的地區之一。而在克里米亞入俄的五年之

克里米亞的酒莊。(Photo by Timur M on Unsplash)

間，政府已斥資 230 億美元予當地不同項目，當地三分之二的預算也是來自聯邦政府。此外，俄政府亦為克里米亞興建新機場，又建築一條長達 19 公里的大橋，直達俄羅斯其他省份。

時隔六年，克里米亞入俄已成「新常態」——居民大部份已重新申請由俄羅斯政府發佈的官方文件，當地的電訊服務供應商等亦由俄企接手。但是，克里米亞仍未得到國際社會認可作為俄羅斯的一部份。

問到克里米亞會否「回歸」烏克蘭，當地一名居民接受外媒訪問時笑說：「沒有任何事會讓我驚訝！」她補充：「即使我們突然變成土耳其的一部份，我也不會驚訝。最重要的是，這裡沒有戰爭。」

她的幽默回應，卻道出了活在大國博弈夾縫中的無可奈何。

「脫烏入俄」的克里米亞人最關心的是生活
安穩。

"A large hole has been spotted in Russia that goes deep into the ground in Mirny, Sakha Republic. It has been rumoured to be so deep that it can suck helicopters into it due to the vast air strength."

Daily Express

# KARA GODFREY

# 被流放在西伯利亞荒原的人們

## 米爾內

當飛機降落米爾內（Mirny）機場的時候，你會看見一個巨型的地洞。地洞入口的直徑達 1,200 米，深約 525 米，謠傳其巨大的空氣強度可將直升機吸入其中。這地洞曾被形容為「地球的肚臍」，實為米爾內鑽石礦場，是世界上最大的鑽礦之一。

米爾內位處俄羅斯東北部的薩哈共和國，距離莫斯科逾 4,000 公里。薩哈共和國屬於俄羅斯聯邦內的遠東聯邦管區，歷史上，這裡是收留被流放者的地方。1825 年，沙皇尼古拉一世（Nicholas I）鎮壓俄羅斯帝國十二月黨人起義（也是第一次試圖推翻沙

從高空俯瞰米爾內鑽石礦場。

皇制度的革命），後將部份軍官放逐到西伯利亞，其中有一批便在薩哈共和國定居。由於這裡地處偏僻，荒無人煙，薩哈共和國一度被視為「世界的盡頭」。

在蘇聯時代，這片土地更被形容為「沒有鐵牢的監獄」。在史太林（Joseph Stalin）時期，蘇聯政府把薩哈共和國納入當時的勞改體系。歷史學家估計，單在 1930 至 1950 年的 20 年期間，薩哈共和國約有 105 至 165 個勞改營，數十萬名政治犯被流放到此，並被要求在艱巨的環境下工作，建造了當地

的基建項目。

## 世界盡頭的「鑽石之都」

基於地質的原因，西伯利亞盛產鑽石。人口只有 37,000 人的米爾內更獲譽為「鑽石之都」。起初這 裡渺無人跡，直至鑽礦在 1955 年被發現以後，米 爾內才開始聚集一班人定居。這裡約 70% 的居民也 是為俄羅斯鑽石生產商阿爾洛薩集團（Alrosa）工作。

作為全球最大的鑽石生產商，阿爾洛薩在 2018 年一共產出 3,670 萬卡的鑽石石胚，產量佔全球 28%。與此同時，阿爾洛薩是俄經濟的中流砥柱， 單在 2018 年繳交的稅務已高達 10 億美元，等同 薩哈共和國地方政府預算的 40%。

據美國寶石學協會（G.I.A.）的標準，彩鑽的顏色比例 可由 1 至 10,000。一顆鑽石的價值普遍取決於它的

色澤（Color）、切割（Cut）、卡數（Carat）和清晰度（Clarity）。在自然界中，每 10 萬顆寶石級鑽石中才有一顆彩色寶石，而大型彩色鑽石更不常見。但米爾內的鑽石產量和質量甚高，當中更不乏彩鑽。

這些價值連城的彩鑽在切割後便會在世界各地拍賣。2018 年，阿爾洛薩曾來港拍賣，並售出 101 顆（共 1,829 卡）的鑽石，總值 1,460 萬美元。至於其他未經切割的石胚，阿爾洛薩主要是向珠寶商大量傾銷，其中最大的出口市場為比利時。而香港珠寶商周大福、周生生和六福珠寶等也有與阿爾洛薩合作。

## 「生活迫使我來到這裡」

彩鑽的華麗背後，隱藏著一群礦工的血汗。米爾內與北極圈相隔 450 公里，其冬季氣候極為嚴寒，氣溫有時可低至攝氏 50 度以下。儘管生活環境如此嚴峻，每年全國各省各地，甚至是鄰近中亞國家仍然有

鑽石質素普遍取決於色澤、切割、卡數和清晰
度。

人來到這裡從事採鑽工作。

雖然薪酬較好,當鑽石礦工卻並非優差。採鑽的工作
包括:先以炸藥把鑽石含量較高的岩石炸碎,然後將
岩泥送到工場沖洗、分類和檢驗。由於採鑽過程不分
晝夜,礦工按工作時間分成兩班次,輪流替換。採鑽
工作除了辛苦,也有生命風險。2017 年,米爾內的
鑽礦更發生地下水湧入的意外,造成人命傷亡。

「生活迫使我來到這裡。」一位礦工如是說。「這裡
的工資比其他省份好一些,可賺更多的錢帶回家去。
我們工作三個月,便有一個月假期回家探親。」來自

南方的他坦言，這裡的生活環境不及老家，不打算舉家移居到米爾內。他計劃在兩至三年內便會找別的發展機會。

## 被遺忘的人們

與當地人交談時，大部份人也有一種「被遺忘」的感覺。其中有些人曾到訪莫斯科、聖彼得堡等一線城市，感嘆即使阿爾洛薩每年繳交數以十億美元計稅款，俄羅斯政府也沒有利用稅收改善這個鎮的基建。

礦場附近的辦公室，內設有飯堂。

| 礦工居住地方附近的東正教教堂。

走在小鎮的街上，舉目盡是陳舊的蘇聯建築，而且鎮內沒有很多公共康樂設施。由於物資需從其他城市入口，因此百物騰貴。去年 3 月，當地爆發大規模示威，抗議政府佔用這裡豐厚的天然資源，卻沒有回饋社區。在 2018 年總統大選，薩哈共和國是反對聲音最高的地區之一，導致時任市長引咎辭職。雖然如此，不少在鄰近城市找不到工作的人，還是會為了生計來到米爾內當礦工，而家人則留在原居地。

離開米爾內當天，我仰望陳舊的機場頂部，看到象徵共產主義的巨大紅色鐮刀和鐵鎚，意味著農民和工人團結反抗資產階級。一場革命彷彿將要在這個被遺忘的城鎮發生。

"It hath been a city of great wealth and riches, and being in the hands of the Tartars it was a kingdom of itself, and did more vex the Russes in their wars, then any other nation."

the first English envoy to Russia

# ANTHONY JENKINSON

# 與伊斯蘭世界接軌的經濟重鎮

## 喀山

東正教是俄羅斯最主要的宗教,但在莫斯科以東800公里的喀山(Kazan),卻是連接俄羅斯與伊斯蘭世界的重要樞紐。位於伏爾加河和喀山河的交匯處,喀山是韃靼斯坦共和國(Republic of Tatarstan)的首都。喀山這個城市的命名,一方面與毗鄰的喀山河有關,另一方面它具有「大鍋」的意思,形容城市建在小山之上的形態如「大鍋」。

韃靼斯坦共和國是俄羅斯少數半自治的共和國,人口約380萬。其中以韃靼人最多,佔超過50%,而俄羅斯人只佔40%,餘下便是其他少數民族。據說

喀山位於伏爾加河和喀山河的交匯處。
（Photo by Nikita Zaitsev on Unsplash）

早在 922 年，韃靼人已接受伊斯蘭教，是最早期信奉伊斯蘭教的突厥人之一。時至今日，共和國內的伊斯蘭信眾則佔全國人口的一半。

儘管喀山的伊斯蘭背景源遠流長，但種族和宗教分歧卻穿插在這座城市的歷史中。

## 穆斯林曾被迫改信東正教

根據歷史文獻記載，喀山曾屬伏爾加保加利亞（Volga Bulgaria）政權，但經常與蒙古欽察汗國

發生衝突，後於 14 世紀被納入汗國版圖。直至欽察
汗國解體，獨立的喀山汗國（Kazan Khanate）
便在 1438 年成立。

喀山汗國與當時的莫斯科政權關係緊張，在 1550
年間發生了多場戰爭。1552 年，沙皇伊凡雷帝的部
隊成功包圍了喀山，摧毀了喀山所有的清真寺，在戰

伊斯蘭信眾佔韃靼斯坦共和國人口的一
半。（Photo by Vadim Kaipov on
Unsplash）

爭中倖存的韃靼人也被迫遷居到城牆以外，該地區因而被命名為舊塔塔爾區（Old Tatar Quarter），表示他們是這個地區的原居民。

其後俄羅斯帝國更強迫當地人改信東正教。沙皇伊凡雷帝在當地大興土木，興建新的克里姆林宮和聖母領報大教堂（Annunciation Cathedral）。其背後的建築師 Postnik Yakovlev 曾為莫斯科設計聖瓦西里大教堂（Saint Basil's Cathedral）。因此，屹立於喀山的聖母領報大教堂，彷彿象徵著俄國沙皇的權力遙遙凌駕喀山。

英國首名對俄大使詹金森（Anthony Jenkinson）曾到訪沙皇伊凡雷帝統治下的喀山，並以書信形式記錄了他的觀察：「它曾是一個富有的城市，是韃靼人掌握的獨立帝國，亦比任何一個國家更有能力與俄國交火。但俄國沙皇佔據喀山後，把當地的皇帝俘虜，倖存的年輕人則要領洗，信奉東正教。」

## 韃靼斯坦共和國的自主之路

直至 1766 年，葉卡捷琳娜大帝（Catherine the Great）允許喀山重新建造清真寺，情況開始扭轉。舊塔塔爾區中心興建了馬兒卡尼清真寺（Märcani Mosque），是喀山首座清真寺，亦是後來蘇聯政權下唯一開放的清真寺。

十月革命後，俄羅斯帝國被推翻。在蘇聯政權下，韃靼人重拾自己的政治實體──該地區在 1920 年正式成為「韃靼蘇維埃社會主義自治共和國」（Tatar Autonomous Soviet Socialist Republic）。作為蘇聯政權的一部份，共和國享有一定自由，包括保留韃靼語的官方地位，以及保存韃靼人獨特的祖傳文化。

其後作為自治共和國的韃靼斯坦蛻變成教育和經濟重鎮。在 1940 年代，韃靼斯坦發現幾口大型油井，

每年可生產 3,200 萬噸石油，是當地主要的收入來源之一。此外，當地有 30 多間大學，包括俄羅斯首間伊斯蘭大學「俄羅斯伊斯蘭大學」（Russian Islamic University）和全國第三古老的大學「喀山聯邦大學」（Kazan Federal University），連著名小說家托爾斯泰（Leo Tolstoy）和蘇聯領袖列寧（Vladimir Lenin）也是在喀山聯邦大學畢業的。

蘇聯解體後，當地改名為「韃靼斯坦共和國」，其自主性得到保留。在 2009 年，喀山更獲俄羅斯官方認可，定位為俄羅斯的「第三首都」，肯定其在全國的經濟地位。不過，當地的種族與宗教分歧不時出現暗湧，如聯邦政府曾要求當地減少教授韃靼語的班級，而當地一個名為 Chistopol Jamaat 的組織更被指是伊蘭斯極端分子，令人擔心共和國會成為恐怖分子的溫床。

喀山克里姆林宮。（Photo by Andrian Rubinskiy on Unsplash）

## 俄轉軚望與伊斯蘭接軌

但俄羅斯對伊斯蘭教的態度卻隨西方制裁出現戲劇性的轉變。一直以來，伊斯蘭金融（即依循伊斯蘭教律的金融產品或交易）從未是俄國經濟的重要議題，但因歐美制裁，俄羅斯需尋找新的外資來源，以伊斯蘭教為主的中東國家便變成俄政府所拉攏的對象。

談到與中東建交的策略，俄方亦提到「宗教軟實力」（Religious Soft Power）這構思，意思是通過「穆斯林」這個身份團結不同的經濟體，包括中東和東南亞等。韃靼斯坦共和國亦因其伊斯蘭歷史，獲卡塔爾、阿聯酋、巴林和阿曼等國家的投資。韃靼斯坦共和國總統明尼哈諾夫（Rustam Minnikhanov）在兩年前的喀山峰會表示，「韃靼斯坦共和國可被宣傳為俄羅斯的『穆斯林金融中心』，伊斯蘭開發銀行將會協助俄羅斯打造全面的計劃，推動穆斯林經濟。」

雖然穆斯林金融體系在俄羅斯仍處起步階段，而當地的伊斯蘭人口亦不及其他伊蘭斯國家，但喀山令俄羅斯被納入伊斯蘭的版圖，可見它的戰略重要性。

諺語有云：「只要有心，未為晚也（Better late than never）。」至於喀山是否有能力帶領俄羅斯打入迅速冒起的伊斯蘭市場，就要視乎當地政府和國

際投資者的願景有多接近，雙方是否願意為喀山投下信任的一票。

庫爾·沙里夫清真寺是俄羅斯最大的清真寺之一。（Photo by Daniil Silantev on Unsplash）

# CHAPTER

# 02

俄羅斯的靈魂

"Looking at the U.S.-Russia–China relations from a zero-sum perspective is an over-simplified way of understanding international relations."

亞庫寧

# VLADIMIR
# YAKUNIN

# 亞庫寧：

## 「文明對話」的幕後之手

一間總部設於柏林的智庫每年也會邀請世界各地的政商領袖、學者與專家來到希臘羅德島（Rhodes）聚首一堂，共同探討國際間的地緣政治議題。過去不少達官貴人也有出席這一年一度的「羅德島論壇」（Rhodes Forum），其中包括以色列前總理奧爾默特（Ehud Olmert）、歐洲議會前議長舒爾茨（Martin Schulz）和葡萄牙前歐洲事務國務秘書Bruno Maçães 等。

鮮為人知的是，這間活躍在歐洲政圈的智庫背後，其中一名創辦人是亞庫寧（Vladimir Yakunin）。亞庫寧曾是蘇聯駐聯合國一秘（一等秘書，1985-1991）和俄羅斯鐵路公司總裁（2005-2015），如今為莫斯科國立大學客席博士，以「政治科學家」（Political Scientist）的身份從事研究工作。

亞庫寧任職俄鐵總裁期間，其影響力可謂叱咤一時。俄鐵為國家最大的經濟引擎之一，轄下僱員高達 80 萬人。他在任的十年之間，俄鐵在物流業務的營業額超過 400 億美元。與此同時，亞庫寧活躍於東正教活動，不時參與全國性宗教儀式，亦是愛國主義的提倡者。在政治上，雖然他沒有兼任重要官職，但據報導，他在 90 年代已認識普京，兩人在聖彼得堡郊區的度假屋為近鄰。因此，他在國際社會上被視為普京的親信幕僚。在 2014 年，美國因俄羅斯入主克里米亞而發動經濟制裁，亞庫寧亦在其制裁名單之上。

儘管如此，亞庫寧仍然活躍於國際政商圈子。他自稱受到美國政治學者亨廷頓（Samuel Huntington）的著作《文明衝突論》（*The Clash of Civilizations*）啟發，將他的智庫命名為「文明對話研究所」（Dialogue of Civilizations），宗旨是

「以對話共建世界觀,為更公平、更和平和更可持續發展的世界作出貢獻」。

「政客需要重新思考如何面對全球化。過去全球化導致權力失衡,部份國家得以建立霸權——但這個模式已不可行。我們現在活在多邊世界(Multilateral World)——即使美國是世界的領袖,它也不是唯一的領袖。兩極世界(Bipolar World)經已結束。」亞庫寧如是說。

「兩極世界」這概念主要是形容第二次世界大戰以後的國際格局,指以美國為首的資本主義世界與以蘇聯為首的共產主義世界之間的抗衡。至於「多邊世界」的意思則指由三個或以上的國家透過國際合作解決世界問題。

## 智庫舉辦國際論壇探討地緣政治

在亞庫寧出任俄鐵主席以前,他已在 2002 年與來自印度的企業家 Jagdish Kapur 和美國的 Nicholas Papanicolaou 共同成立文明對話智庫。自 2003 年起,智庫在希臘羅德島舉辦羅德島論壇,匯聚數以百計的政商領袖、學者與專家為地緣政治議題進行辯論。智庫發展至今已在柏林、維也納、莫斯科和新德里設有辦事處,並以「獨立對話平台」和「綜合已發展和發展中國家觀點」為定位。由於智庫總部設於德國首都柏林,曾引起當地媒體質疑,認為它是俄羅斯政府的喉舌。但智庫代言人堅稱組織純屬私人性質,理念是為平衡不同發展程度國家之間的觀點。

我在 2014 年受邀出席羅德島論壇,並與亞庫寧在同一環節擔任演講嘉賓。當時,亞庫寧表示,由於俄語在

國際上並不普及，不通曉俄語的外國人只能透過西方媒
體認識俄羅斯，而當中不乏對俄「妖魔化」的報導。類
似情況也在其他國家出現。

## 新冠病毒：重寫地緣政治規則？

如今新冠病毒（COVID-19）在全球大流行，感染病

2018 年羅德島論壇一眾嘉賓合照。

例數目經已直迫 600 萬大關。經濟合作暨發展組織（OECD）下調了對全球經濟增長的預測，並預言 2020 年全球經濟將會是 2009 年以來增長最慢的一年。以美國政府為例，單是在 2020 年 4 月 4 日的過去一週，經已收到 660 萬份失業申請。相隔多年，我主動聯繫亞庫寧，與他交流這次世紀流行病將如何重寫地緣政治規則。

在亞庫寧看來，新冠病毒將為國際格局帶來翻天覆地的變化。一方面，他認為短期內越來越多國家將變得更加關注自身的利益，透過建立本地化供應鏈等措施自保，減輕經濟過份對外依賴的風險。另一方面，他指出，疫情全球大流行亦是一個契機，驅使各國領導人意識到國際合作對解決全球問題的關鍵性。「新冠病毒大流行徹底顛覆了整個世界。但除了流行病以外，世界還面臨其他更大的挑戰，例如氣候變化。大難當前，國際社會只有團結一致，才能讓我們渡過難關。如今當務之急是解決全球問題，各國領袖應放下意識形態或政治取態的歧見，不應讓歷史事件或文化偏見阻撓我們前進。」

對亞庫寧來說，全球經濟衰退卻為俄羅斯和美國提供了一個「一鍵重置」（Reset）的時機。「一鍵重置」為美俄外交術語，源於 2009 年時任美國奧巴馬政府有意與俄羅斯修好，由美國國務卿希拉莉向俄羅斯外交部長

拉夫羅夫送上寫著 Reset 的按鈕，寓意兩國外交「一鍵重置」。

自 2014 年起，美國就克里米亞事件對俄實施經濟制裁，而亞庫寧也在制裁名單之上。鑑於目前形勢，亞庫寧認為「普京和特朗普應聚首一堂，尋求互惠互利的方案」。

## 中俄關係：從兄弟到伙伴

自新冠病毒大爆發以來，部份國家已掀起反華的浪潮。儘管如此，亞庫寧對中俄關係仍感樂觀。

亞庫寧憶述，蘇聯是世上首個國家承認由共產黨領導的中華人民共和國，亦在中國建國初年提供不少援助。在兩國早期的政治宣傳，不時將俄國與中國以「兄弟」相

稱。但他認為俄羅斯新一代的政治領袖,包括普京在內,已不再視中國為「兄弟」,而是戰略伙伴,彼此再沒有高下之分。

「我們視中國為伙伴,歷史上最親近的鄰居。儘管兩國時有各種摩擦,我們仍視中國為重要的戰略伙伴。如今中俄關係比起歷史上任何一刻更重要。」

被問到「聯手抗美」是否中俄關係的基石,亞庫寧並不同意。「以『零和博弈』的視角解讀美俄中的關係,是將國際關係過份簡化了。在多邊主義的世界中,每個國家也有自己的外交模式,而理論上國與國之間的關係應是均等的——我所說的『均等』,並非建基於軍事力量或經濟實力,而是在參與全球對話的過程,每個國家的話語權也是均等的。」

他認為，在俄羅斯的角度，由於全球經濟增長的軸心經已轉向亞洲，而中俄在歷史和地緣政治上關係千絲萬縷，因此中國對俄羅斯來說，具有無法取代的戰略意義。

"I have the opportunity to become a wealthy and successful person only because somebody saved the life of my grandfather, and that gave me a chance to be born to this world."

萬達尼

# RUBEN
# VARDANYAN

# 萬達尼：

## 富豪「在生捐家產，子女要自力」

1991 年，蘇聯解體，俄羅斯由計劃經濟過渡至市場經濟。當時只有 22 歲的萬達尼（Ruben Vardanyan）正在一家商業銀行工作，領著 1,000 美元的月薪，而當時俄羅斯人的平均月薪只有 8 美元。

機緣巧合下，他認識了俄羅斯首間投資銀行 Troika Dialog 的創辦人德比（Peter Derby），毅然放棄高薪工作，拿著十分之一的薪水加入投行，成為該行首批員工之一。他這個冒險的決定日後卻為他帶來豐厚的回報——萬達尼加入後第二年便成為投行執行董事，而 Troika Dialog 在 2012 年以 13.5 億美元的價格轉售給俄羅斯聯邦儲蓄銀行（Sberbank of Russia）。

任職總裁 20 多年的萬達尼曾在俄羅斯金融界叱咤風雲，為當地投資銀行業務開拓出一片新天地，被譽

為俄羅斯最富有的亞美尼亞裔商人之一。儘管富甲一
方，卻不忘回饋社會，迄今他和家人經已為公益項
目捐出 4 億美元，並計劃將家產的 90% 作慈善用
途。目前他的慈善項目包括每年獎金達 100 萬美元的
Aurora 人道主義工作獎，又創立了莫斯科斯科爾科
沃管理學院（Moscow School of Management
Skolkovo）。

萬達尼對人道主義工作的熱情源於他祖父的經歷。他的
祖父是亞美尼亞人。1915 至 1917 年間，土耳其的前
身鄂圖曼帝國發動了一場種族滅絕行為。當時，鄂圖曼
帝國宣稱亞美尼亞人是破壞者，還稱他們為親俄羅斯
的「第五縱隊」（Fifth Column），即內奸和叛徒，
協助俄軍打敗鄂圖曼軍隊。根據國際種族滅絕學者協
會（IAGS）的統計數據，這次大屠殺的死亡人數「超過
100 萬」。在大屠殺期間，萬達尼的祖父被一名土耳其

人和四名美國傳教士拯救。萬達尼認為，這班傳教士成
就了他的人生。「我能成為富裕的成功人士，全因這班
傳教士救了我祖父一命，讓我有機會在這個世界出生。
我們在人生中遇到仗義相助的人，應該心存感激。」

## 捕捉國企私有化的時機

萬達尼在 1968 年生於亞美尼亞，直至 17 歲才離
鄉別井，前往莫斯科國立大學（Moscow State
University）修讀經濟學。投身工作後，年紀輕輕就
要面對市場經濟為俄羅斯帶來翻天覆地的變化。在他加
入 Troika Dialog 的第二年，投行高層加入外資銀行
高盛，而自此萬達尼出任管理層。

萬達尼回想，當時了解金融市場運作的人寥寥可數，他
自己的金融知識也不多，需憑藉在大學接受的經濟學培

訓來學習新的市場規則。「90 年代（在俄羅斯）是一個非常獨特的時期──大部份人對金融一無所知。沒有法規，沒有客戶，沒有人知道證券市場是甚麼。」

適逢俄羅斯政府推出國有資產私有化的政策，萬達尼捕捉這個時機，帶領 Troika Dialog 團隊以經紀人的身份向西方投資者出售部份國家資產。他又以個人身份參與俄羅斯證券市場法律框架的建設，包括成立投資工具、金融基建與相關機構。

曾與萬達尼工作的人認為，萬達尼是一個天生的企業家，別具慧眼的同時，又能領導下屬。但萬達尼從事投行的仕途並非一帆風順。在 1998 年，亞洲金融風暴對俄羅斯經濟造成沉重打擊。由於 Troika Dialog 80% 的業務來自西方投資者，當時投行營運變得相當艱難。其後，他在 2008 年經歷另一場金融風暴，最

終 Troika Dialog 在 2012 年被俄羅斯聯邦儲蓄銀行
收購。

## 首代富豪的教育與傳承

萬達尼開拓俄羅斯投資銀行產業的經驗，驅使他創立
莫斯科斯科爾科沃管理學院（Moscow School of

萬達尼向世界領袖介紹莫斯科斯科爾科沃管理
學院。

Management SKOLKOVO），專辦工商管理碩士和企業培訓課程。自 2006 年成立至今，這家私營商學院人才輩出，共有 2,500 名畢業生和 22,000 名學員。學院的國際顧問團隊更包括俄羅斯前總統梅德韋傑夫（Dmitry Medvedev）和新加坡開國元首李光耀。

「每個國家也需要擁有自己的商學院，培育本地市場的商業領袖。」加上當時俄羅斯被譽為「金磚四國」，吸引不少西方行政人員來俄留學，認識這個新興市場。隨著俄羅斯政府大力提倡「向東看」的國策，莫斯科斯科爾科沃管理學院還與香港科技大學合辦歐亞高層管理人員工商管理碩士雙學位課程。

除了商業培訓外，萬達尼認為教育第一代富豪如何安排財富傳承至關重要。「對新一代的富豪來說，學習

如何世代傳承非常重要——不單是財富傳承，還有價值觀的傳承。」他成立了自己的顧問公司 Phoenix Advisors，為資產估值介乎 5 至 10 億美元的家族提供財富傳承計劃。

對萬達尼來說，他的財富哲學在於「取之社會，用之社會」。他和妻子已決定將 90% 的財產投放在慈善事業。為教育子女自力更生，較年長的兩名孩子在 20 歲出頭已需要財政獨立，打工維持生計。

## 「取之社會，用之社會」

2016 年，萬達尼成立了 Aurora 人道主義工作獎，每年頒發 100 萬美元的獎金，表彰在人道主義工作上作出巨大貢獻的人士。他補充，Aurora 不單是一個國際獎項，更是一場運動（Movement），幫助全世界

三位 Aurora 人道主義工作獎聯合創始人合照：萬達尼（右二）、美國生物科技公司 Moderna 主席 Noubar Afeyan（左一）和美國卡內基基金會主席 Vartan Gregorian（右一）。

認識與答謝那些為改善別人生活而默默耕耘的人。

深受祖父生平的啟發，萬達尼認為 Aurora 的願景是「令世界更加關注人文價值，並且參考全球人道主義工作中的最佳實踐」。去年，獎項由非牟利團體「伊拉克空中之橋」（Air Bridge Iraq）創辦人迪那易（Mirza Dinnayi）獲得。歷屆得獎人還包括著名律師和社運分子覺拉昂（Kyaw Hla Aung）、天主教傳教士卡特納（Tom Catena）和人道主義工作者巴朗基澤（Marguerite Barankitse）。

雖然萬達尼在俄羅斯成就他的事業，但他仍視亞美尼亞

萬達尼與妻子 Veronika 出席迪利然聯合世界書院的開幕典禮。

為自己的根 *。如今 52 歲的他,決意回饋家鄉。

他在當地的慈善項目包括國際寄宿學校迪利然聯合世界書院(United World College Dilijan)。來自世界各地的學生透過聯合世界書院的國際網絡,可以在亞美尼亞留學,了解當地的風土人情,並在學成回鄉後分享自己旅居亞美尼亞的獨特文化經驗。

他還有一個項目「亞美尼亞 2020/2041」,目標是為亞美尼亞的發展制定長期方案,主要透過討論文件探討亞美尼亞未來發展的可行方向。項目始於 2000 年代初期(「亞美尼亞 2020」),而研究經已進入了新階段(「亞美尼亞 2041」)。

他認為亞美尼亞有潛力成為世界典範，向大眾展示如何突破幅員有限等先天條件不足，找到合乎國情的發展方向。「像亞美尼亞這種規模甚小的國家，往往不獲投資者或慈善家的青睞，而且做慈善項目的成本很高。我反覆在想，我們應如何將問題轉化為答案，供其他國情相近的國家參考？」

以營商智慧從事慈善事業，萬達尼有著「雖天下人吾往矣」的氣魄，難怪能在不同領域成為領航者，為別人締造揚帆遠航的契機。

* 編者按：亞美尼亞大面積國土曾於 16 世紀中被伊朗及鄂圖曼帝國瓜分，1920 年成立亞美尼亞社會主義共和國，1922 年成為蘇聯加盟共和國下的自治共和國，1936 年成為蘇聯直轄加盟共和國，1991 年蘇聯解體，亞美尼亞獨立。

" The strongest motivation is the threat to existence. If you want to survive, you will be able to sell snow to the Eskimo in the winter. "

奥爾加

OLGA

USKOVA

# 奧爾加：

## 科技女性想像無人駕駛新世界

儘管科技成就萬千創業故事，在科技巨頭中，女性高管仍然很少。「科技女性」（Women in Tech）一詞便是鼓勵更多女性從事科技產業。不過，根據聯合國教科文組織的數據顯示，俄羅斯從事科學研究的女性較全球平均高出 12%。在英國，研發科技產品的女性只有4%，而在俄羅斯卻有 15%。俄羅斯婦女在科學與科技的立足點可追溯到蘇聯時代——當時科技發展為國家的重點項目，加上技術教育在俄甚為普及，政府鼓勵全國人民不分男女也從事科技工作。

蘇聯時期出生的女科學家奧爾加（Olga Uskova）早在 80 年代已從事光學文字辨識軟件（Optical Character Recognition）的工作，主要用途是針對書面文件進行文字識別。如今，她是俄羅斯科技界的女企業家，與俄羅斯最大銀行俄羅斯聯邦儲蓄銀行（Sberbank of Russia）合作，成立科技公司

Cognitive Pilot，研發無人車技術。她認為，公路上盡是無人駕駛汽車的畫面，將不再是遙不可及的事。

生於科學世家或許啟發了奧爾加對科技的興趣，回想自己的大學時期，她的夢想正是成為科學家。她坦言，貧窮才是驅使她早在互聯網誕生前便投身科技產業的原因，「當時蘇聯政權面臨解體，街上商店裡連麵包也沒有，而我卻在賣光學文字辨識軟件。坦白說，求生是人最強的動力。若你有一股求生意志，你也可以找到在冬天向愛斯基摩人賣雪的方法。」

早在 1993 年，奧爾加已成立科技公司 Cognitive Technologies，出售光學文字辨識軟件。公司後來與慧與科技（Hewlett Packard Enterprise）合作，促成慧與科技在俄的掃描器也安裝其光學文字辨識軟件。奧爾加稱，這次是慧與科技首次在東歐與本土公

蘇聯時期出生的女科學家奧爾加。

司合作。踏入千禧年，她公司出售的軟件開始由文字辨識拓展到形狀和規律，適用於任何臉部辨識、聲音辨識和文字辨識的科技產品。

## 俄式無人車

直至 2014 年，奧爾加的創業之路邁向新的一頁——她 為 Cognitive Technologies 成 立 了 子 公 司 Cognitive Pilot，專門研發無人車技術。奧爾加第二次的創業靈感源自一次交通意外。「1998 年，我在意大利因司機駕駛失誤而遇上車禍，這場意外影響了

我的人生——至今我仍承受著車禍帶來的後遺症。自此我決定研發無人車,目標是將駕駛時的人為失誤減至零。」

國際汽車工程師學會(Society of Automotive Engineers)和美國國家公路交通安全管理局(US Department of Transportation's National Highway Traffic Safety Administration)將無人駕駛分為六個級別,由「零」代表傳統司機駕駛的汽車,至「五」代表完全自動駕駛的無人車。

Cognitive Pilot 的技術評級為「四」,屬高度自動化,但若在駕駛期間遇上突如其來的情況,還是需要司機介入。鑑於俄羅斯市場的特殊情況,奧爾加認為她公司產品的主要優勢是能夠承受極端的天氣。目前 Cognitive Pilot 在俄羅斯和歐盟市場已有牌照,亦

正在美國申請執照。

2019 年 9 月，Cognitive Pilot 與韓國現代汽車
（Hyundai Motor）集團的汽車零件廠 Hyundai
Mobis 合作，研發出一套智能視覺系統。透過這系統，
無人車能夠辨識移動對象，包括其他汽車和行人等。
配合 Cognitive Pilot 自家研發的 4D 影像感應器，
即使在惡劣的天氣下，其感應器的準確率仍能保持在
97% 的水平，能有效減低交通意外的發生。

即使世上尚未有一輛五級全自動的無人車，奧爾加認
為，無人駕駛的新時代將比我們預期更早來臨。研究
指出，全球無人車市場在 2019 年的估值為 542.3
億美元，並預計將在 2026 年增長十倍以上，高
達 5,566.7 億美元。為迎接無人車市場的機遇，
Cognitive Pilot 目前至 2023 年的計劃已估值為

4O 億美元，更考慮在未來上市。

## 政策需追上科技的步伐

面對科技發展一日千里，互聯網、區塊鏈（Blockchain）和人工智能（Artificial Intelligence）等技術，對社會經濟帶來翻天覆地的變革，奧爾加認為人類正處於汽車革命的尖端。她說：「無人駕駛技術改變了數百萬人的生活，機器學習（Machine Learning）將透過人們以往認為不可思議的方式，重新定義現代的交通模式。」

問及她如何想像無人駕駛的新世界，奧爾加認為無人駕駛技術儼如一把「雙刃劍」，若政府不加監管，公路上還是會出現非人為的交通意外。在她看來，美國在規管無人車方面的經驗，對全球人工智能研發人員也有很重要的啟示。2020 年 3 月，美國國家公路交通安全管

理局首次頒佈對無人車監管的法例,涵蓋安全測試、乘客安全和交通守則等方面。

她提醒,全球無人駕駛技術發展一日千里,但政府訂立全面規管需時,甚或「需要 10 至 12 年的時間」才能釐定新的交通規則和道德標準。

「這是一個非常重要的議題,情況如應用核能於非軍事項目一樣。」

全球無人駕駛技術日新月異，因此奧爾加提醒應及早訂立相應規管措施。

"I don't follow new collections. I don't buy up a fashion line. To me, fashion and art are both very personal and emotional. If I have to choose one, I opt for art."

索非亞

# SOFIA
# TROTSENKO

# 索非亞：

## 俄國名媛之日常

當模特兒、嫁入豪門和享受奢華，是不少人的心願，但對索非亞（Sofia Trotsenko）來說，讓更多人認識俄羅斯當代藝術背後的博大精深才是她的理想。15 歲時曾為俄羅斯著名設計師扎伊采夫（Slava Zaitsev）旗下的時裝店擔任模特兒，索非亞最喜歡的打扮卻是褲子套裝，更直言不喜歡追捧潮流。

「我不留意時裝發佈，也不會掃清哪個品牌的時裝系列。其實，時裝和藝術同樣是很個人和感性的事情。但若要我兩者取其一，我會選擇藝術。」她說。

儘管拒絕盲從時尚，她在 2004 年仍被選為「莫斯科夫人」，即該年度俄羅斯最美麗的已婚女性。雖然夫婿特洛森科（Roman Trotsenko）貴為聯合造船公司（United Shipbuilding Corporation）的總裁（身家估值逾 16 億美元，在 2019 年福布斯全國財富排

行榜躋身第 59 位），但是索非亞的事業卻不比他遜色
——她不但為國家文化部部長擔任顧問，更經營莫斯
科最大的當代藝術中心之一的溫薩沃德當代藝術中心
（Winzavod Centre for Contemporary Art）。

溫薩沃德當代藝術中心被譽為是莫斯科最早期的當代藝
術平台。有別於歐美國家，俄羅斯的當代藝術甚少受到

索非亞不但為國家文化部部長擔任顧問，更經營
莫斯科最大的當代藝術中心之一的溫薩沃德當
代藝術中心。

溫薩沃德當代藝術中心。

國際收藏家注目。俄羅斯的當代藝術品多以挑戰社會
規範為主題，其藝術思想在蘇聯時代興起，又稱為「非
官方蘇聯藝術」(Unofficial Soviet Art)或「地下藝
術」(Underground Art)。在表現形式上，當代藝
術不局限於視覺上的效果，部份作品更會透過文字或多
媒體等呈現藝術家對社會的反思。

## 當代藝術化作生活方式

「對我來說，俄羅斯當代藝術的精粹在於：藝術家身處
的時代和他們看世界的角度。俄羅斯藝術不只流於美麗
的影像，影像背後還有博大精深的哲學和深入細膩的感

情。由於國際社會對俄國藝術認識不深，它在藝術市場
儼如是一件未被發現的寶藏。」索非亞說。

她認為俄羅斯的藝術市場很小，而國際社會對俄國藝術
認識不深，當地年輕藝術家的發揮空間有限。因此，她
透過溫薩沃德當代藝術中心為藝術工作者提供空間，並
定期舉辦展覽和活動，令更多人深入了解俄羅斯的當代
藝術。「在 2007 年成立溫薩沃德當代藝術中心的時
候，我們希望將俄羅斯的當代藝術打造成一種生活方
式。我們的心願是令俄國藝術走進普羅大眾的生活，
不只是局限於收藏家、藝術家和畫廊的小圈子。」她補
充。

時至今日，溫薩沃德當代藝術中心已有 13 年歷史。
它不僅僅是展覽場地，更成為一個藝術聚落（Art
Cluster），培育年輕藝術家和推廣俄羅斯當代藝術。

在索非亞眼中，溫薩沃德當代藝術中心是一個「充滿自由並孕育創作意念和作品的地方」。

## 態度開明遠勝口舌便給

索非亞對於藝術的熱情始於大學時代。她畢業於莫斯科的格拉西莫夫電影藝術學院（Gerasimov Institute of Cinematography），其後經過多年模特兒事業生涯，期間更曾成立當時莫斯科最大的攝影工作室 Eleven，但在 2007 年回歸與藝術相關的事業。

索非亞在十年前開始收藏藝術品，至今的藏品約有 400 件。她表示：「每次我決定買一件藝術品以前，我也會問自己：這幅作品是否給我帶來共鳴？我會否每天也想在家中看著它？」

其中，她特別喜歡 Pavel Arsenyev 的 *Spelling
Saved*（2012 年， 混 合 媒 體 ）、Aslan
Gaysumov 的 *Elimination*（2013 年，混合媒
體）和 Viktor Pivovarov 的 *Moscow Gothic.
Cycle of the Immortals*（2008 年，布面油
畫）。以 *Spelling Saved* 這幅作品為例，它表達了
Pavel Arsenye 對藝術家與觀眾之間的關係的反思：

來自俄羅斯車臣共和國的藝術家 Aslan
Gaysumov 的作品 Elimination。他的藝術風
格較重視視覺的直接性（Visual Immediacy）。

Pavel Arsenyev 的 Spelling Saved。作品中的俄語翻譯為「對不起，您應該明白⋯⋯但您並不明白，也不是真的希望去明白。」

即使面對同樣的文字和圖像，藝術家與觀眾的理解是否一致？正如畫上寫著：「對不起，您應該明白⋯⋯但您並不明白，也不是真的希望去明白。」

明不明白，儘管只是一線之差。不過，在藝術的世界，索非亞覺得「態度開明比語言能力更重要」。她認為人生應如一件俄羅斯的當代藝術品，在嫣紅姹紫的花花世界中，尋找活著的深層意義，不斷地探索人生的可能。

## 覓俄國當代藝術千里馬

不少收藏初哥著重藝術品是否與家居設計相稱，而索非亞在選擇藝術品的時候，卻重視藝術家本身。作為收藏

家,她表示樂意支持有潛質的藝術家。

伯樂相馬,並非易事,更何況是在佔全球陸地面積八分之一的俄羅斯。索非亞與各州各省的藝術機構緊密合作,尋覓俄國當代藝術的千里馬,並把藝術家帶到莫斯科,為的不過是培育本地藝術新晉。目前溫薩沃德當代藝術中心支持的藝術家之中,有 90% 並非來自莫斯科。「我對國家的人才充滿信心。我相信有潛質的藝術家遍佈俄羅斯不同的角落—— 他們或在西伯利亞,或在遠東地區,但只有莫斯科才有足夠的空間和機會讓這些藝術家走出國際。」

比如說,近年莫斯科舉辦不少國際展覽,當中包括「莫斯科當代藝術雙年展」(Moscow Biennale of Contemporary Art)、「Cosmoscow 當代藝術展」和「Art Moscow 藝術展」等等,都是年輕藝術

家的發揮平台。

在索非亞看來，俄羅斯當代藝術家主要面對兩大挑戰：第一是語言不通，令藝術家難以向國際收藏家推廣自己作品的同時，也妨礙他們從外國作品中汲取靈感；第二是大部份外國人對俄羅斯的了解不深，令他們難以看懂俄羅斯的當代藝術。

事實上，收藏俄國藝術的收藏家確實以俄羅斯人為主。過去佳士得（Christie's）發表的一份報告指出，高達74%的俄國藝術品買家為俄羅斯人。要打破這個困局，索非亞認為，需要更多的藝術機構在海外推廣俄國藝術與文化。

被問到作為收藏家之一的她是否把心愛的藝術品也放在家中，她笑說：「我的家很小，容納不了所有的收藏品。」

Viktor Pivovarov 的 Moscow Gothic. Cycle of the Immortals。在這幅作品之中，他以抽象的方式反思人與自然的關係。

"We are lucky but we never win the lottery. Being lucky is just about being at the right place at the right time."

我爱你！

埃琳娜

ELENA

# 埃琳娜：

## 我們最幸運——在莫斯科土生土長的新一代

Muscovite，意譯為「莫斯科人」。但不是所有住在莫斯科的居民也是 Muscovite。成為 Muscovite，你首先要在莫斯科土生土長，而且父母也是莫斯科人。埃琳娜（Elena）是真正的 Muscovite —— 祖父母在蘇聯古姆（Gum）百貨商場工作，她自小便聽說百貨商場有直達克里姆林宮的秘密地下通道。

出生於 1986 年，蘇聯解體為埃琳娜留下最深刻的印象是一場芭蕾舞表演 ——《天鵝湖》（*Swan Lake*）。「蘇聯解體那一年，我正在讀小學。我最難忘的是突然所有電視頻道都播放著同一場芭蕾舞，直至蘇聯最後一位領袖戈爾巴喬夫（Mikhail Gorbachev）宣佈離任。」

在 90 年代，蘇聯解體為俄羅斯在政治經濟、社會結構和意識形態方面帶來巨大的變化。由於政府貪污問題

嚴重，社會秩序失衡，俄羅斯不時傳出「黑幫當道」的消息。犯罪集團更招募保鏢和退伍軍人加入，壯大自己的勢力。因此，埃琳娜的家人一直不讓小埃琳娜獨自外出。但她回想自己的童年，卻沒有經歷過人生安全受到威脅的時刻，大部份時候也和家人在一起。

## 莫斯科人在廣州

作為蘇聯解體後的年輕一代，埃琳娜享有的是前所未有的自由 ──「鐵幕」（Iron Curtain）倒下後意味著俄羅斯人可到訪其他國家。埃琳娜大學時就讀莫斯科國立語言大學（Moscow State Linguistic University），19歲那年，她和四位女同學被學校安排來到廣東外語外貿大學留學。被問到為何選修中文，她笑說：「我沒有『選修』中文，是大學分派的。」事緣，她主修經濟，但莫斯科國立語言大學要求學生學習一門

外語。

儘管如此，她形容來華留學的一年改寫了她的人生，大
大開拓了她的世界觀。

「那時中國剛剛加入世貿，而廣州亦非一線城市，市內
甚少看見外國人。但本地人對我們很友好，更不時有陌
生人希望與我們拍照留念。」能操普通話、俄語和英文
的埃琳娜在廣州偶爾從事翻譯工作。外表端好的她亦曾
為當地品牌拍攝廣告，每次報酬約 200 美元。

## 經濟起飛，仕途扶搖直上

普京（Vladimir Putin）在千禧年登上俄羅斯總統的
寶座，至今經已掌權 20 年。埃琳娜憶述，當時大部
份民眾對前總統葉利欽（Boris Yeltsin）的管治感到

十分疲倦，尤其他在第二任任期經常於公眾場合醉酒，加上其經濟改革措施令經濟接近崩潰，因此葉利欽辭職後，很多人對普京寄予厚望。適逢油價飆升，以原油出口為主的俄羅斯更曾在 2006 年躍身全球十大經濟體系之一。當時初出茅廬的埃琳娜在一間俄羅斯的零售公司工作，其後加入一間國際顧問公司出任高管。

「我們很幸運。儘管我們從未中彩票，但在外資公司學習的技能於俄羅斯這樣的新興市場甚為吃香。幸運，對我們來說，只是在對的時機出現在對的地方。」

幸運之神不只關顧她的仕途，一次她出席中國駐莫斯科領事館的活動，也在對的時間和對的地方遇上對的人—— 她的丈夫。他們相識後不久便正式交往，並在 2011 年結婚。

埃琳娜是土生土長的莫斯科人，現於日資國際公司身居要職。

## 向東看，夫婦開拓新天地

自西方國家在 2014 年起對俄國發動經濟制裁，俄羅斯的營商環境出現戲劇性的改變。埃琳娜和丈夫分別加入跨國的日資和華資公司，出任管理層。雖然亞洲公司在企業文化上與歐美公司截然不同，但他們仍受賞識，被委以重任。

當不少高薪厚職的俄羅斯人考慮移民歐美，她認為，移

民與否是理性的抉擇：「我們大部份的家人和朋友在莫斯科，而我們在這裡也有很好的仕途。走與不走，重點是眼前是否有更好的選擇。即使莫斯科因新冠肺炎（COVID-19）封城，我們還是在家工作，享受白手興家的成果。」

視像會議的訪談即將結束之際，埃琳娜把平板電腦鏡頭移至窗外，從她與丈夫新買的單位看出去，向我展示以居高臨下的角度看到的莫斯科市中心的晚霞。

"Russia is hell to people like me – my biggest mistake was working hard but losing everything. I miss St. Petersburg but I believe my life in the United States will be great."

喬治

# GEORGE BUDNY

# 喬治：

## 「他鄉信美非吾土」的浪漫與真實

俄語有句說話：「他鄉信美非吾土」（хорошо́ там, где нас нет），意思是自己不在的地方總是較美好。俄羅斯 80 後喬治（George Budny）兒時生活顛沛流離，但他最終在美國落地生根，於華盛頓定居——他是首批以《反同志法》向美國申請政治庇護的難民之一。

2012 年 9 月，聖彼得堡市政府訂立了《反同志法》，禁止任何人向未成年人士宣傳「非傳統兩性關係」——包括禁止青少年及兒童接觸同性戀資訊。2013 年 6 月，俄政府將《反同志法》推行至全國。喬治當時身在美國，於是向當地政府申請政治庇護，其申請在 2014 年 7 月 30 日正式被通過。

## 何處是吾鄉

喬治出身小康，童年在非洲安哥拉長大。蘇聯時期，安哥拉曾為蘇聯與美國於冷戰時代角力的地方。適逢內戰，蘇聯與美國各自扶植當地的武裝勢力。在 80 年代，由於父親的生意所需，喬治一家在安哥拉首都羅安達定居。他的父親從商，而叔叔是駐羅安達海軍。

「看海上那艘船，若戰爭在首都爆發，我們便要跑到那裡，叔叔會帶我們離開。」自小喬治的母親就這樣提醒著他。

由於年紀尚小，喬治對羅安達的記憶只有陽光、海灘和當地的朋友。90 年代，喬治一家目睹安哥拉的局勢不穩，於是決定舉家回到列寧格勒，即現今的聖彼得堡。

他憶述，蘇聯解體的時候，他正在念小學一年級。「當時的社會如亂世一樣 —— 警察不工作、流氓收『保護費』，連小孩在學校也會拿著刀。」90 年代聖彼得堡的社會形勢十分惡劣，連現任總統普京（Vladimir Putin）也坦言，當時他要帶槍睡覺。一如其他俄羅斯人，喬治的家人需在市場上變賣家當。他仍記得，他在母親身邊跟她一起叫喊，希望別人跟他們買些什麼。

他跟母親說：「我想回家（安哥拉）。」他的母親回應：「你的家是俄羅斯。」

## 三重人格掩飾自己

「俄羅斯對某些人來說是『天堂』 —— 像我父親一樣，他一生從未努力工作，最終卻非常富有。」喬治說。他沒有透露父親致富的原因，但他的父親與普京為校

友，同樣在列寧格勒國立大學（Leningrad State University，即現在的「聖彼得堡國立大學」）畢業。而喬治的家境亦隨俄羅斯經濟起飛變得富有，讓他能接受較好的教育，取得從醫的執業資格。

作為烏克蘭裔的猶太人，他坦言自己有三個身份：「在家中，我是一個『乖乖仔』，緊守猶太人的傳統；在學校，我是一個『正常的』男生，與其他男同學談女生，偶爾和女生一起派對；在同志俱樂部，我卻是另一個『人』。」

喬治在 20 歲出櫃。正值千禧年，互聯網在聖彼得堡尚未普及，但他在一間同志俱樂部找到自己。「至今我還記得，我在俱樂部聽著台上變裝皇后（Drag Queen）的每一個笑話也會心一笑。在這裡，我找到自己。」

也是在這家俱樂部，他邂逅人生第一位男朋友—— 一位來自馬來西亞的華裔留學生，而這名留學生更是跟他在同一間醫學院念書。

這段關係起初並不容易：在俱樂部，他們是一對戀人；

喬治與初戀男友（左）在聖彼得堡生活時的合照。

在學校，他們裝作互不相識。直至他們在校園多了互
動，引起別人的流言蜚語。喬治開始擔心男友安危，因
他不單是同志，還是亞洲人。「當時一班信奉種族優越
主義的光頭黨在聖彼得堡經常攻擊亞洲人。」他為男友
買了些自衛的噴霧，以防萬一。

## 父悉同志身分　被趕離家園

在 2007 年，喬治被迫離家出走。

轉捩點是由一套美國電視劇《同志亦凡人》（*Queer
as Folk*）的光碟。喬治父親早已從身邊不同的渠道
打聽有關喬治性取向的傳聞，對他起了疑心，而家中的
光碟彷彿引證了這些消息的真確性。最終喬治不得不承
認。他向父親說：「我必須承認——我是同志。對不起。」
其後一年，父親要求他進行各種形式的「治療」，其中

包括嫖妓，並告訴他：「她們會矯正你。」

俄羅斯歷史以來對同性戀的態度傾向保守。在蘇聯時期，男同性戀是刑事罪行。雖然俄羅斯在 1993 年廢除有關條例，但是同性戀在當地社會仍被視為禁忌，偶有針對同性戀者的仇恨罪行發生。

喬治的性取向成為家庭醜聞。後來父親將他趕出家園，當時他的弟弟只有八歲。「家人以『拯救弟弟』為理由把我趕走。」他說。

當晚他徒步走到男友的家，而他的男友安撫他，並與他同居。「那一刻，我有種『解脫』的感覺——至少我再也不需要借『三重人格』掩飾自己。」自此，喬治甚少與家人聯絡。至於男友，他形容這段維持了五年的關係十分難忘。與此同時，他開始執業從醫，用積蓄與男友

同遊瑞典、德國和挪威等歐洲國家，更曾萌生留居北歐
的念頭。

## 揭選舉舞弊遭政治打壓

喬治在業餘時間是一個活躍的社會分子，經常透過互聯
網揭發政府官員貪污的黑幕。2012年俄羅斯總統大
選時，他以自願者的身份為選舉票站出任委員會成員。
「按大選程序，委員會成員需為票站結果簽署認證，而
我清晰記得該票站普京所得的選票為 51%。」然而，最
終公佈的結果卻是普京在該票站取得壓倒性勝利。

於是他透過官方途徑翻查票站的錄影——當他離開票站
後不久，其他委員會成員重返票站，商討如何換票。影
片（連錄音）清晰顯示，其中一名女子在手提電話跟另
一方說：「我們會把另一個候選人的票轉移給普京。」

喬治將錄影轉交當地傳媒，親自向政府投訴選舉舞弊。雖然媒體作出了三篇報道，但官方否認喬治的證據，並反控他造謠。

## 俄羅斯同志猶如活在「地獄」

在 2012 年，聖彼得堡市政府首推「反同性戀宣傳法」，禁止以任何形式向未成年人宣傳同性戀等「非傳統性關係」，而法例在翌年於全國實施。作為同志，亦為醫生，喬治認為條例令他面對道德上的兩難。他說：「我應否告訴未成年的同志如何採取安全措施？」此外，他親聞不少同志被「恐同分子」襲擊，遇襲同志卻因要隱瞞自己的身份而求助無門。

他無法再忍受在聖彼得堡的生活，於是設法在海外找工作。起初他受聘於一間以色列的醫療機構，但需要父母乃

猶太裔的證明文件,結果功虧一簣。最後他找到前往美國
留學的機會,並透過官方途徑向美國申請政治庇護。

另一邊廂,他的初戀男友移居挪威,自此他倆分道揚
鑣,各走各路。

現居於美國的喬治(中)與
在當地認識的朋友。

## 人在美國　努力工作

雖然喬治在美國尚未有從醫的執業資格，但他仍有一份穩定的工作，為當地醫療機構服務。他偶爾為難民組織當義工，協助身處海外、和他有相似經歷的同志申請政治庇護。他坦言美國並非一個「完美社會」，但至少他相信當地的社會制度。

我問他會否痛恨他的祖國。他這樣回答：「俄羅斯對像我這種人來說是『地獄』──我最錯的是努力工作，而最終一無所有。」

「請不要誤會，俄羅斯不是一個糟糕的國家，它只是與其他國家不同。我非常熱愛俄羅斯，我只是不認同政府的運作方式。」

「我想念聖彼得堡，但我相信我在美國的生活將會過得很好。」

最後我問他的「家」在哪，他笑說：「家，即是心之所在。（Home is where my heart is.）」

喬治現與男友在華盛頓同居，一同置業，努力工作。

# CHAPTER

# 03

標題背後的故事

" Nations have no permanent friends or allies, they only have permanent interests. "

Henry John Temple,
3rd Viscount Palmerston

# 中俄友誼的面子
# 和裡子

適逢 2019 年中俄建交 70 週年，兩國關係被譽為處於「最佳時期」。同年 12 月，中俄東線天然氣管道開通，該管道長達 3,000 公里，將連接中國與西伯利亞東部。俄方將在 30 年間每年向中國輸送 380 億立方米的天然氣。這份曾被譽為「世紀天然氣大單」的合同價值 4,000 億美元，是俄羅斯天然氣工業股份公司有史以來簽訂的最大合同，亦是中俄經濟合作中最重要的項目之一。

儘管如此，中俄外交在歷史上並非一帆風順。

寫於 12 世紀末的俄國文獻《伊戈爾遠征記》（*The Tale of Igor's Campaign*）早有提及「契丹」（Khitan）這個民族，而至今契丹在俄語卻是指中國。據謝選駿《第三中國論》的分析，契丹之所以在俄語成為中國的統稱，源於遼國在 9 至 13 世紀長期是中亞的霸主，加上當時歐洲國家與中國貿易，需透過北方的契丹民族

轉手，因此歐洲人誤把「契丹」和「契丹人經營的
貨物來源地」混為一談。除了俄羅斯以外，還有
十數個東歐、中亞和西亞的國家也以「契丹」代

契丹在俄語是中國的統稱，反映了契丹曾在
9 至 13 世紀的影響力。

表中國。

至於中俄兩國在何時開始建交，歷史學家眾說
紛紜。有學者根據《元史》記載，指至順元年
（1330 年）曾有大批俄羅斯（原來字眼為「斡
羅思」）人為元朝保衛邊疆；亦有學者認為兩
國關係始於 16 世紀中葉，援引史料記載俄國
沙皇伊凡四世於 1567 年派哥薩克首領彼得羅
夫（Ivan Petrov）和雅雷切夫（Burnash
Yalychev），前往遠東地區（包括中國）。

## 走不出的歷史陰霾

清末民初至 1949 年建國期間，是兩國關係
最動盪的時段。首先是清咸豐時期（1850 至
1861 年），當時中國內有太平天國之亂，外有
英法聯軍之脅。俄國以「助華防英」為名，來到
黑龍江中游的璦琿城（即現今的黑龍江省黑河
市）談判，要求大清割讓黑龍江以北大片領土。

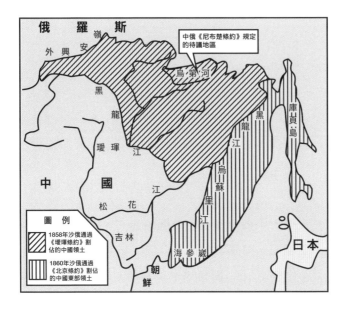

圖例
1858年沙俄通過《璦琿條約》割佔的中國領土
1860年沙俄通過《北京條約》割佔的中國東部領土

19 世紀俄國趁著中國內憂外患，要求清廷割讓黑龍江以北及東面大片土地。

起初清廷不肯就範，但最終還是屈服，與俄國簽訂《璦琿條約》（1858 年），割讓黑龍江以北、外興安嶺以南約 60 萬平方公里的領土予俄方。

其後再簽訂《中俄北京條約》（1860 年），重新確認《璦琿條約》的合法性，並再度割讓烏蘇里江以東（包括庫頁島）約 40 萬平方公里的土地。這段歷史至今仍常被中國民間認為是俄羅斯乃中國宿敵的證據。

另一邊廂，俄羅斯卻又建構了中國數代人的回憶。1917 年 2 月，俄國爆發「二月革命」，末代沙皇尼古拉二世退位；同年 11 月，列寧（Vladimir Lenin）發動武裝政變，建立蘇維埃政權。俄國革命的成功，為當時中國的知識分子帶來很大的啟示，1920 年代開始，中國更掀起「以俄為師」的風潮。1949 年建國後，共產黨領袖毛澤東便在其筆下的《論人民民主專政》一文中，提及俄國對當代中國的影響：「中國人找到馬克思主義，是經過俄國人介紹的。在十月

1949 年毛澤東訪蘇，與史太林商談廢除 1945 年簽訂的中蘇舊約，讓蘇軍在限期內撤出旅順海軍基地，過程曲折。

革命以前，中國人不但不知道列寧、史太林，也不知道馬克思、恩格斯。十月革命一聲炮響，給我們送來了馬克思列寧主義。」

除了意識形態上的影響，蘇聯在中國建國初年也提供了不少援助。在外交上，蘇聯是首個承認中共政權並與其建立外交關係的國家。在軍事上，《蘇聯軍事百科全書》「中國人民解放戰爭」條目中指出，蘇聯的援助是人民解放軍力量壯大的一個極其重要的因素。此外，蘇聯亦為中共提供資金和人才培訓等方面的支援。

然而，在前蘇聯領袖赫魯曉夫（Nikita Khrushchev）執政期間，中俄關係再次出現摩擦。根據他的口述回憶錄《最後的遺言》的記載，1957 年毛澤東訪蘇，反對赫魯曉夫提議解散北約和華約兩個軍事同盟，以緩和東西方關係；1958 年赫魯曉夫訪華，與毛澤東討論在中國建立長波電台，方便和太平洋潛艇艦隊聯絡，結果激

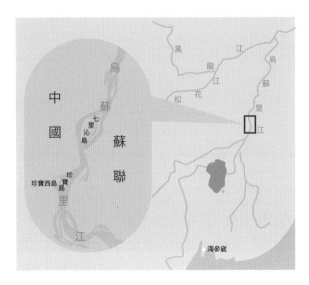

1960 年代，中蘇關係緊張，並在 1969 年珍寶島發生武裝衝突，死傷慘重。

怒毛澤東，演變成歷史上著名的「游泳池會談」；1959 年赫魯曉夫訪問美國，與美國時任總統的艾森豪威爾（Dwight Eisenhower）討論中美關係（毛澤東後來因此而擔心「美蘇妥協犧牲中國」）；1959 年蘇聯決定延緩執行中蘇簽訂的核技術合作協議；赫魯曉夫批評中國的「大躍進」以及個人崇拜。直至 1963 年，雙方在莫斯科談判，首次承認兩國存在分歧——中蘇的「蜜月期」不再。

1969 年 6 月 3 日，兩國在珍寶島（現位於黑龍江省虎林市）更出現武裝衝突，而衝突在同年 8 月蔓延至新疆鐵列克提，死傷慘重。為了避

免衝突升級，蘇聯部長會議主席柯西金（Alexei Kosygin）與當時的中國總理周恩來會晤，最終達成了維持邊界現狀的共識。自此中蘇再沒有總理級別的會晤，直至蘇聯解體前兩年才重新恢復。

## 中俄友好皆因同病相憐

戈爾巴喬夫（Mikhail Gorbachev）是最後一位代表蘇聯訪問中國的國家最高領導人。當時蘇聯的經濟已陷入困境，戈爾巴喬夫開始謀求各種改革開放政策。1989 年，戈爾巴喬夫訪華，期間與中國國家領導人鄧小平會晤。當時鄧小平提出「結束過去，開闢未來」，雙方重新確立兩國關係的框架，標誌著中蘇關係正常化。

戈爾巴喬夫後在 1991 年 12 月 25 日辭職，意味著蘇聯解體。儼如歷史循環，當年蘇聯為首個承認並與中華人民共和國建交的國家，中國也在蘇聯解體翌日宣佈承認俄羅斯為蘇聯的繼承者。

然後兩國各走其經濟改革之路。俄羅斯在1990年代進行大規模的私有化，造就了一班「寡頭」（Oligarch）勢力。托賴油價在2006年前後處於高位，以出口石油作為國家主要收入來源的俄羅斯逐漸被國際社會重視。 2001年，美國投資銀行高盛的前首席經濟師 Jim

2019 年在俄羅斯舉行的第二屆「中俄能源商務論壇」，深化中俄在能源合作的伙伴關係。

O'Neill 已經提出「金磚四國」的概念，認為中國、俄羅斯、印度和巴西將成世界經濟強國。

表面上，中俄兩國同樣躋身「金磚四國」之列，但兩國雙邊貿易卻面臨「結構性失衡」—— 俄羅斯主要向中國出口能源和天然資源，而中國僅向俄羅斯出口製成品。隨著中國的勞動力成本上漲，加上俄羅斯貨幣因西方制裁和油價下滑而貶值，中國製成品對俄商的吸引力銳減。與此同時，儘管中國為最大的原油入口國家之一，俄羅斯則是主要原油出口

首屆中俄博覽會在 2014 年於哈爾濱舉行，推動兩國在能源、交通和農業上的合作。

國家，但是中國不會過分依賴俄羅斯作為其唯一能源供應國。據中國經濟數據顯示，俄羅斯對華進口額雖排在中國貿易伙伴頭十位，但貿易出口額卻是十甲不入，證明兩國貿易關係不平衡。

不過諺語有云：「敵人的敵人就是我的朋友。」這句話正好道出中俄友誼的本質，就是彼此面臨共同的敵人——美國。俄羅斯自 2014 年入主克里米亞後便遭歐美制裁，國家經濟受到重創。2018 年 1 月，美國時任總統特朗普（Donald Trump）向中國展開貿易戰。某程度上，中俄經貿合作多是出於同病相憐，共同抗衡美國。

另一方面，俄羅斯在軍事外交上對中國也存在戰略價值。「全球火力」網站（Global Firepower）發佈的全球軍力排行榜顯示，2020 年榜上三甲分別為美國、俄羅斯與中國。雖然美國在技術和投放資源上仍遙遙領先，但中俄軍力亦各有千秋，兩國聯手，至少能對美國起制衡的作用。

## 貌合神離的「最好朋友」

如今「中俄友誼」已成雙方文宣的重要題材，但是面子下的裡子卻暗藏暗湧，而中亞地區更成為兩國博弈的籌碼。 2013 年，時任中國國家主席習近平首次訪問哈薩克，期間提出建設「絲綢之路經濟帶」（即「一帶一路」），而涉及地區便包括蘇聯解體後的獨聯體國家。

為鞏固在中亞地區的影響，俄羅斯牽頭與白俄羅斯及哈薩克在 2015 年簽訂《歐亞經濟聯盟條約》，成立「歐亞經濟聯盟」，旨在打造統一經濟區。歐亞聯盟更曾被譽為歐盟的對手。奈何當時俄羅斯經濟經已開始衰退，不少中亞國家對歐亞聯盟採取觀望態度。迄今歐亞聯盟只有五個成員國，而原定計劃如統一貨幣等措施也沒有落實。

相反，中國倡議的「一帶一路」沒有行會員制度，涉及的地域更橫跨歐亞大陸（包括歐洲、非洲和東南亞地區），加上歐亞聯盟成員國也可參與「一帶一路」，中俄的影響力高下立見。

話雖如此，中俄兩國同樣面臨美國主導的外交壓力。在這樣的格局下，「中俄友誼」還需要維持下去，誰管這是面子，還是裡子。

" At first glance, therefore, Hong Kong and Russia might appear to be rather unlikely partners – even something of an 'odd couple'. "

Frederick Ma,
former Secretary for Commerce and Economic Development of Hong Kong

# 香港為何不勝任中俄之間的「超級聯繫人」?

自中國在 2013 年首次提出「一帶一路」的倡議,香港政府便將香港定位為「超級聯繫人」,意思是作為連接內地與環球市場的橋樑。為推廣「一帶一路」,行政長官辦公室更在 2016 年成立「一帶一路」辦公室,以統籌和執行與「一帶一路」相關的項目。

俄羅斯作為中國的戰略伙伴,加上其幅員之廣,理論上是「一帶一路」的重要國家。然而,數據顯示,俄羅斯與香港這個「超級聯繫人」之間沒有太多經貿聯繫。由香港出口到俄羅斯的主要是電訊產品,而俄羅斯出口到香港的則以非鐵金屬和非金屬礦物產品為主。以 2017 年為例,俄羅斯往香港的出口總值只佔其主要貿易伙伴出口總值的 0.2%,而香港作為俄羅斯的貿易伙伴,也只排在第 65 位。香港交易所作為全球最大的交易所之一,至今卻只有俄鋁和鐵江現貨這兩間俄企在港上市。究竟香港缺乏甚麼條件,以致難以成為中俄兩國的「超級聯繫人」?

俄羅斯出口香港以非鐵金屬和非金屬礦物為主。圖為俄羅斯北部的奧列涅哥爾斯克（Olengorsk）露天採礦場。

## 港俄合作純屬起步階段

2019 年俄外交部部長拉夫羅夫（Sergey Lavrov）訪港，與行政長官林鄭月娥會晤，其中探討在莫斯科成立香港經濟貿易辦事處的可能。表面上，這次會面顯示雙方有誠意進一步發展兩地經貿合作，但回顧港府對俄過去十年的經濟措施，兩地經貿合作純屬起步階段。

以股票市場為例，港交所在 2016 年 1 月才正式接納俄羅斯成為認可註冊司法權區，降低俄企在港

交所上市的門檻。至於兩間早已在香港上市的俄企俄鋁和鐵江現貨，需在上市前分別在澤西和香港註冊分公司，才能合乎港交所的上市資格。俄鋁的母企 EN+ 曾經在 2011 年屬意在香港上市，但最終改投倫敦證券交易所。自俄羅斯成為港交所的認可註冊司法權區以來，仍沒有其他俄企來香港上市，主因是港交所規管較為嚴格，與俄企在本土市場的規管不同，令俄企難以通過港交所的門檻。

除此以外，俄羅斯政府亦與特區政府簽訂全面性避免雙重課稅協定。在新的協議下，香港居民從俄獲得的股息預扣稅將會由 15% 降至 5% 或 10%，視乎其持有股份的比例。至於營運來往香港與俄羅斯航線的香港航空公司，只需向特區政府繳交利得稅，而毋須向俄繳稅。儘管實施了以上措施，兩地在貿易和旅遊方面的交流仍然未見頻繁。

## 港在中俄合作之間格格不入

儘管如今中俄關係被形容為處於「歷史上的最佳時期」，香港在兩國的合作框架下卻格格不入。在外交上，香港曾在港英時期關閉俄羅斯領事館 74 年，直至 1994 年才重開，令香港在俄羅斯外交上的重要性遠較中國內地低。加上香港遠離中俄邊境交界，也令其難以成為中俄經貿合作的重點發展城市。其次是內地和香港的金融體系不同。俄羅斯致力發展外幣直接交易市場，意思是繞開美元，直接以交易兩國貨幣結帳，但港元卻與美元掛鈎，在這市場的發展空間不大。加上不少駐港的基金也是透過如投資銀行等國際中介公司向外地投資，因此香港較少直接對俄投資的經驗。

在人才方面，香港年輕人對俄羅斯市場興趣不大。工資差異是其中一個主因——數據顯示，俄羅斯全國平均月薪為 46,324 盧布（約 680 美元），而就算在莫斯科工作，也只能拿到 95,179

俄羅斯菜以魚子醬布林餅而聞名。香港
只有少數東歐餐廳有這個菜色。

盧布（約 1,396 美元），與香港月入中位數
19,000 港元（約 2,407 美元）存在相當的
差距。加上俄語在香港不普及，大大提高港人到
俄發展的門檻。

## 培育「一帶一路」的未來人才

若然港府有意將香港打造成為中俄關係的「超級
聯繫人」，培育「一帶一路」的未來人才至關重

俄羅斯前副總理德沃爾科維奇在 2016 年訪港,在亞洲協會香港中心發表主題演講。演講期間,他表示希望香港能助俄更融入中國「一路一帶」的戰略計劃

要。首先是提高年輕一代對「一帶一路」的認識。目前的「一帶一路」規劃予人「口惠而實不至」的印象。了解「一帶一路」的機遇和挑戰,能夠提升年輕人對「一帶一路」國家的興趣,將有助鼓勵他們前往這些國家發展。

其次是推廣俄語學習。俄語作為聯合國的官方語言之一,在中亞國家甚為普及,而在全球有超過一點六億人口以俄語為母語。在很多「一帶一路」國家,英語並不普及,因此中英俄三語能力是未來人才必須具備的技能。港府應在中、小學教育階段,為莘莘學子提供學習俄語的機會。

最後是交流與實習的機會。正如《老子》所說：
「千里之行，始於足下。」目前香港各間大學多
與歐美學府合作，舉行海外交流活動，卻甚少提
供在「一帶一路」國家留學一年或以上的機會。
大學生若能在俄羅斯等「一帶一路」國家實習，
才可親身體驗「一帶一路」作為國策所帶來的商
機。

" I have learned that if you find something that's hated, that has a lot of value and things are getting better, you probably will do fine. And that's why I'm investing in Russia. "

Jim Rogers,
Founder of the Quantum Fund

# 誰令俄羅斯「金磚國家」神話不再?

俄羅斯在 2020 年 1 月 1 日起正式接任「金磚國家」主席國,任期一年。「金磚國家」源於美國投資銀行高盛的前首席經濟師奧尼爾(Jim O'Neill)在 2001 年率先提出的概念,指巴西、俄羅斯、印度和中國將成為世界上最有潛力的新興市場。在 2010 年,南非正式成為「金磚國家」成員國,「金磚國家」自此冠上 BRICS 的稱號。奧尼爾曾預測「金磚國家」將在 2030 年拋離「六大發達經濟體」(即美國、德國、英國、法國、意大利和日本,又稱為 G6),成為國際經濟發展的主要動力。

相隔接近 20 年,「金磚國家」的經濟發展走上不一樣的路。以中國為例,自 1978 年改革開放以來,經濟迅速發展,而在 2001 年加入世界貿易組織(WTO)以後,發展速度更是一日千里。如今中國已成為世界第二大經濟體,僅次於美國。同為「金磚國家」的俄羅斯在 90 年代大力推行私有化,亦在 2012 年加入世貿。當

「金磚國家」概念始於 2001 年，代表世界上最有潛質的新興市場。2010 年起成員國擴充至五個，圖為相關國家的國旗（左起）：巴西、俄羅斯、印度、中國及南非。

時曾有分析預測，俄或步中國後塵，成為世界上舉足輕重的經濟體系。

儘管中俄外交關係向好，但兩國的經濟規模卻不可同日而語。以 2018 年的經濟數據為例，中國的全年國內生產總值是俄羅斯的八倍之多。以 2014 至 2018 年為例，俄羅斯每年的國內生產總值平均增長率只有 0.4%，而人均月薪只有 45,000 盧布（約 5,600 港元）。目前俄羅斯共有 1,900 萬人活在貧窮線下，佔全國人口 13%。有見及此，

俄羅斯還應否被視為「金磚國家」之一？是什麼
令它的經濟神話不再？

## 成也原油，敗也原油

作為全球第三大的石油生產國，俄羅斯的經濟條
件可謂得天獨厚。以 2017 年的經濟數據為例，
原油、天然氣和其他自然資源佔其國內生產總值
的 60%，估值為 55.2 萬億盧布（約 8,445.8
億美元）。由於俄政府的預算甚為依賴原油出口
的收益，原油價格便成了俄羅斯的經濟命脈。

俄國有豐富的石油及天然氣資源，圖為
輸氣和石油輸送氣體加工廠氣體增壓壓
縮機站的燃氣管道。

托賴原油價格高企，俄羅斯在 2006 年曾躍身全
球十大經濟體系之一。可惜當時俄政府沒有致力開
拓多元產業，導致國內經濟持續受油價起伏影響。
以 2014 至 2016 年為例，每桶油價由 2014 年
6 月的 115 美元跌至 2015 年的 46 美元，而在
2016 年 1 月更跌至 27 美元，令俄羅斯經歷了三
年的經濟蕭條。

由於國際原油貿易主要以美金折算，而俄羅斯的經
濟收益過度依賴原油，油價下滑除了令國家預算收
益銳減，還令盧布大幅貶值。單單是在 2014 至
2015 年之間，盧布與美元的兌換率經已貶值一
半，更曾一度被譽為「全球表現最差的貨幣」。

除了產業單一以外，地緣政治因素亦是俄羅斯經濟
不穩的主因。2014 年，俄羅斯政府入主克里米
亞，引發歐美國家對俄進行經濟制裁。制裁主要針
對金融交易、武器買賣和提供能源領域的技術等方
面，而其中一項禁止美國銀行和投資者向指定俄企

2014 年俄國入主克里米亞，引發歐美國家進行經濟制裁。圖為可以看到克里米亞全城的巴拉克拉瓦（Balaclava）。

提供期限超過 90 天的貸款的措施，對俄企打擊較大。大部份制裁措施至今仍然生效。

## 私有化為經濟埋下隱患

儘管俄羅斯在過去數年飽歷經濟寒冬，莫斯科仍是世界富豪之都。據國際房地產顧問第一太平戴維斯的研究顯示，莫斯科為全球第三多富豪居住的城市，僅次於紐約和香港。福布斯的數據指出，目前全球的億萬富豪總數為 2,095 人，而 99 人來自俄羅斯，其中 71 位住在莫斯科。這些俄國富豪，又稱為「寡頭」。

「寡頭」一詞源於古希臘語，指坐擁政經大權的特權階級。某程度上，「寡頭」的出現是蘇聯過渡至俄羅斯的歷史產物。當蘇聯解體後，俄政府在 1992 年便開始推出國有資產私有化，在短短七年間已有超過 140,000 家企業實行私有化。當時每位俄羅斯公民均獲票額面值 10,000 盧布（按當時匯率折算約 10 美元）的「私有化證券」，不少「寡頭」乘機以低價吸納這些證券，令自己成為俄重要企業的最大股東。

時至今天，「寡頭」的影響力經已勢不可擋。有研究指出，全國 3% 的富豪操控著 89% 的財務資產，當中不到 100 個富豪的資產總值高於全國人口的總銀行儲蓄。即使面對歐美制裁、國內經濟蕭條，這些「寡頭」的財富仍不跌反升。以首富及礦業巨頭波塔寧（Vladimir Potanin）為例，他的財富在 2019 年內已增長了 85 億美元。由於他們代表的集團勢力強大，政府在推行任何經濟改革以前，必須顧及他們的利益。

## 俄市場仍受個別投資者歡迎

有經濟學家認為，俄羅斯「金磚國家」神話不再，但亦有國際投資者對俄國市場表示樂觀。著名投資大師羅傑斯（Jim Rogers）可謂是其中的代表。作為量子基金（Quantum Fund）的創辦人之一，他曾多次表示看好俄羅斯市場，並投資三大俄企，包括俄羅斯航空、莫斯科證券交易所和化肥生產商 PhosAgro。

被問到為何仍選擇投資俄羅斯市場，他說：「我

俄羅斯航空曾被量子基金看好的三大俄企之一。

了解到，如果你找到的是最不受歡迎的資產，但它富有價值，並且市場環境開始好轉，那麼你的投資很可能會得到回報。這正是我在俄羅斯投資的原因。」

事實上，自蘇聯解體至今的短短 30 年間，俄羅斯已分別在 1998、2008 和 2014 年經歷了三次經濟危機。但前兩次危機過後，當地經濟還是再創神話。以 1999 和 2008 年為例，俄羅斯的國內生產總值由 1,580 億美元升逾 10 倍，達 1.61 萬億美元。

也許這是為何仍有投資者相信俄羅斯的經濟最終會否極泰來，神話再現。

圖為莫斯科的國際商務中心。

" I would like to make special note of FIFA's adherence to the principle of 'sports outside of politics'. Russia has always supported this approach. "

Vladimir Putin,
President of Russia

# 為何俄羅斯傾家蕩產仍要辦大型體育活動？

俄羅斯在過去十年豪擲千金舉辦大型體育活動：先是 2014 年耗資 500 億美元在索契（Sochi）舉辦冬季奧運，其後於 2018 年再斥資 140 億美元在 11 座城市（包括莫斯科、聖彼得堡、喀山和索契等）主辦世界杯。兩項大型體育活動皆在總統普京（Vladimir Putin）任內舉行，而上一次由俄國主辦的奧運已是冷戰期間的 1980 年。

以世界杯為例，主辦方預測，活動將在 2023 年前為俄帶來逾 308 億美元的收益。根據世界經濟論壇（WEF）的分析，舉辦世界杯的經濟收益多是來自旅遊業和外資增加，但在經濟效益上是否能回本，則見仁見智。

俄羅斯在籌備世界杯期間適逢國內經濟蕭條，政府面臨財赤。當時曾有經濟學家估算，俄羅斯在 2017 年的其中一項土權基金將於翌年耗盡。除了需大幅節省公共開支以外，俄政府亦要變賣

俄羅斯曾於 2014 年耗資 500 億美元在
索契舉辦冬季奧運。(Photo by Arseny
Togulev on Unsplash)

國家資產，例如出售全球最大鑽石生產商阿爾洛薩
（Alrosa）的股份。面對經濟困境，何以俄政府仍
孤注一擲，為舉辦世界杯而大興土木？

## 大型活動營造經濟假象

在莫斯科，地方政府特別選擇盧日尼基運動場
（Luzhniki Stadium）作為比賽場地。盧日尼基
運動場在 1956 年建成，並曾於 1980 年用作奧
運主場館。運動場位於莫斯科西南部，外觀保留著
史太林式的建築風格，佈局對稱，看起來氣勢磅

礦、高聳雄偉。運動場入口有一座巨型的列寧雕
塑，顯示共產主義的革命激情與榮耀。為了達到
世界杯場地的規格，政府需改建運動場的內部建
築，包括固定牆身、增加觀眾席規模，以及安裝
大型熒屏等，成本達 3 億 8,500 萬美元。

面對高昂的建築開支，官方解釋是為推動旅遊業
發展和提供大量就業機會。有數據顯示，俄羅斯
在舉辦世界杯期間，一共有逾 770 萬名旅客到
訪，較 2014 年在巴西主辦的世界杯多出 250

曾在 2018 年舉辦世界杯的主場館之一
——莫斯科盧日尼基運動場。

萬名旅客。與此同時，舉辦世界盃為俄提供了約
22 萬的就業機會，以建築、旅遊和交通運輸三大
產業為主。

這已不是俄政府首次以經濟論述為其龐大的建築開
支辯護。2014 年，俄羅斯為主辦冬季奧運，斥
資接近 500 億美元打造「史上最昂貴的奧運會」。
當時官方聲稱，基建項目是為了將主辦城市索契打
造成「世界級的滑雪勝地」，但奧運過後，索契卻
仍未成為國際滑雪愛好者的首選。

索契擁有天然的滑雪條件，舉辦冬季奧運時亦投
放了不少資源，希望成為「世界級滑雪聖地」。

參考國際經驗，舉辦大型體育活動或許在短時間內有助安撫民情，但長遠來說不一定能夠改善經濟民生。以 2016 年在里約熱內盧舉辦的夏季奧運會為例，巴西政府在申奧期間得到不少群眾的支持，然而，由於國家理財不善，加上貪污問題嚴重，奧運後來卻成為當地人上街示威的原因。

## 政治觀感比現實更重要

由於俄媒大部份是由國家經營，接踵而來的大型體育項目成為它們政治宣傳的題材，冀打造太平盛世的氣氛。與此同時，不少外媒在索契冬奧和世界杯以外，也為俄作出較正面的報導，有助將國際視線由地緣政治轉移到全城盡興的體育活動之上。如普京在世界杯開幕前夕發表的公開演說提到：「我希望特別一提國際足球協會『運動在政治以外』這項原則，俄羅斯對此非常支持。」

普京利用體育項目改善國民政治觀感的策略取得一定的成果。儘管索契冬奧的經濟效益成疑,加上政府面臨財赤仍然大興土木,普京的民望卻持續高企。在 2014 至 2018 年間,他的民眾支持率高於 80%。更重要的是,俄羅斯總統大選正是在 2018 年舉行,普京亦順利連任。

不過,國際社會對於普京利用申辦大型體育活動進行的形象工程並不受落。在 2018 年世界杯過後,

俄羅斯主辦 2018 年世界杯,令外國遊客對俄國印象也有改觀。

西方媒體開始報導俄政府在申辦過程中涉嫌行賄。而 2014 年索契冬奧期間，俄政府被指操縱參賽運動員的檢驗過程，令部份服用體育禁藥的俄羅斯運動員得以瞞天過海，並在比賽取得佳績。事件揭發後，俄羅斯被禁止以國家身份參加大型體育活動四年。

## 體育活動釀成國際資訊戰

俄羅斯運動員服用禁藥事件不但成為世界體壇最大醜聞之一，更演變為俄與歐美間的資訊戰。俄方的觀點是，服用禁藥的運動員只佔國家隊成員的一部份，不應以偏概全，牽連其他清白的運動員。轉載英國廣播電台的報導，普京在 2016 年出席里約熱內盧奧運會時，曾公開表示俄羅斯運動員被禁止參加國際賽的決定既「不公正」，也「不公平」。他說：「有一些法治原則是世界公認的，其中一條就是責任永遠應該落在個人身上。那些和違規沒有關係的人，為甚麼要因為違

規的人而受罪？」

迄至 2019 年 12 月，俄方仍在向國際體育仲裁法院上訴有關決定。若最終法院決定維持原判，俄羅斯將無法以國家身份參加 2020 東京奧運。適逢俄羅斯與歐美國家自 2014 年克里米亞事件後關係緊張，2014 年冬奧和 2017 年世界杯這兩項大型體育活動難免成為西方輿論批評俄方的機會，使禁藥事件繼續發酵，至今六年，事件仍被西方媒體重提和批評。

有人說，體育歸體育，政治歸政治。但在國際舞台上，體育難免被政客拿來達到政治目的。觀乎俄羅斯舉辦大型體育活動的歷程，經濟效益不過是政治手段的煙幕，骨子裡還是回歸到國與國之間的權力鬥爭。

普京利用體育項目改善國民政治觀感的
策略在國內取得一定成果。

" Those who were born in the USSR and those born after its collapse do not share a common experience. It's like they're from different planets. "

Svetlana Alexievich,
2015 Nobel Prize Laureate in Literature

# 三代俄羅斯人的
# 平行時空

不少俄羅斯人的護照在國籍這一欄仍然寫著一個已在世上消失的國家——「蘇聯」（USSR）。根據俄官方的人口數字，全國約有 60% 的人口在蘇聯解體前出生，而他們的身份證明文件同樣寫上「生於蘇聯（USSR）」。諾貝爾文學獎得主亞歷塞維奇（Svetlana Alexievich）曾這樣說：「那些在蘇聯解體前出生的人，與那些在蘇聯解體後出生的人，並沒有共同的經歷，他們儼如來自不同的星球。」而隨著國家領導人普京（Vladimir Putin）掌政 20 年，全國約有 20% 人口在其執政期間出生，這一代人被稱為「普京的一代」（Putin Generation）。三代俄羅斯人在同一片土地上共處，他們的精神面貌究竟有何不同？他們對今日俄羅斯社會採取怎樣的態度？

### 蘇聯一代緬懷過去

1991 年 12 月，蘇聯末代總書記戈爾巴喬夫

1991 年蘇聯解體，令美蘇多年的冷戰得以緩和，但因 2014 年克里米亞事件變得緊張。圖為莫斯科市出售的紀念品。(Photo by Jørgen Håland on Unsplash)

（Mikhail Gorbachev）正式宣佈離任，蘇聯政權在一夜之間解體。這歷史包袱建構了「生於蘇聯」這一代人的精神面貌。

在這代人之中，以上世紀 50 年代嬰兒潮出生的俄羅斯人對蘇聯社會最富美好回憶。雖然活在鐵幕時代（Iron Curtain），接任史太林（Joseph Stalin）的蘇聯領袖赫魯曉夫（Nikita Khrushchev）致力改革，令不少人受惠於當時的經濟成果，更有機會接受高等教育。這一代人現

在已踏入中年，而他們往往向子女灌輸昔日蘇聯社會的美好，包括經濟富庶、船堅炮利，又在軍事和航天方面與美國叮噹馬頭。

歷史學家曾考究蘇聯時代的一些民間書信，當中部份書信寫於 60 年代，題材為「寫給未來的一代」。其中有封信這樣寫：「我們為有機會慶祝蘇聯祖國 100 週年的一代感到有點妒忌。(We're a little jealous of all you who are celebrating the centenary of our

格魯吉亞曾是蘇聯的一部份。至今當地仍保留著前蘇維埃建築：兩個與金屬橋相連的單元。

標題背後的故事

Soviet motherland.）」等不到百年國慶，最終蘇聯政權只有 74 年的歷史。

俄語之中，有一個無法翻譯的字「Неслучившееся」，是形容看見夢想卻無法兌現的惋惜心情。這正好形容蘇聯一代目睹政權由「超級大國」（Superpower）走向解體的遺憾。

### 擁抱機遇的後蘇聯一代

在蘇聯解體後出生和成長的一代見證著俄羅斯的社會變遷：先是 90 年代的社會混亂，包括經濟蕭條、「寡頭」冒起及黑社會當道等問題。其後依賴原油出口的俄羅斯經濟受惠於全球油價飆升，後蘇聯一代正正受益於俄羅斯經濟的黃金歲月。加上鐵幕倒下以後，後蘇聯一代可自由進出俄羅斯；又適逢互聯網迅速發展，即使足不出戶也能接觸世界資訊。

後蘇聯一代與「普京的一代」相比，兩代人的年齡

差異只有十年，但在精神面貌上仍有很大的不同。一方面，後蘇聯一代是俄羅斯經濟的接班人。由於蘇聯一代年輕時缺乏接觸外界的經驗，而俄羅斯加入世貿後，不少企業銳意拓展國際市場，為後蘇聯一代締造很多向上流動的機會。另一邊廂，尤其是成長於莫斯科的後蘇聯一代，他們了解西方自由民主的觀念，經歷過俄羅斯與歐美友好的時代，所以他們對於普京的長期執政最有意見。以莫斯科在 2019 年爆發的大型示威為例，民調顯示，二、三十歲的後蘇聯一代佔示威者人數接近 60%。

不過，在這一代中，亦有人因受惠於社會流動而選擇支持普京政權，這群支持者部份更是由俄政府悉心栽培。80 後女性瑪莎的經歷或許可以提供一些線索。自普京在千禧年登上國家領導人的寶座，就一直致力提倡愛國思想，尤其是年輕一代。2005 年，政府撥款給支持普京的青年政治組織納什（Nashi），每年在全國遴選青年領

袖，資助他們前往莫斯科接受培訓，這些青年甚至有機會成為政壇新晉。這組織至今已有逾 15 萬名會員。

當時 20 出頭的瑪莎因參與納什走上政治舞台——她外表端莊，能言善辯，並能操流利英語，被追捧成「年輕人的典範」。在組織的悉心栽培下，她來到莫斯科入讀全國第一學府，甚至有機會踏入政壇、結識達官貴人。由於受惠於納什，她對組織和普京心存感激。一次，她在公開場合吻了普京臉

從軍事競賽到意識形態，俄國與美國之間衝突不斷。

普京掌權的二十年，年輕一代大都對政
治不感興趣。

頰，因而聲名大噪。

後來她與數名公民記者成為好友，見證好友如何
被政權打壓。其中一位記者好友在家門口遭「愛
國分子」襲擊，幾乎喪命。事後納什成員更在網
誌公開嘲笑遇襲記者，形容他是「僵屍」。經過
多番的反思和內心掙扎，瑪莎最後退出政壇，移
居美國。她的經歷更被製成紀錄片，題為《普京
之吻》。

## 政治冷感的新一代

普京在 1999 年成為俄羅斯總理，翌年取代葉利欽（Boris Yeltsin）登上總統寶座。由於在他掌權以前，俄國經濟已自蘇聯解體以後萎縮了 60%，因此當時民眾對他的領導充滿期盼。適逢全球油價在 1998 至 2008 年之間飆升六倍，為以能源出口為主的俄羅斯經濟帶來相當可觀的收益。普京一度被視為俄羅斯的「救星」。

雖然在 2008 至 2012 年間，梅德韋傑夫（Dmitry Medvedev）成為總統，普京只是出任總理，但坊間普遍相信梅德韋傑夫只是煙幕，普京才是真正垂簾聽政的領袖。換言之，普京在俄羅斯的政治舞台已掌權超過 20 年，而接近 4,000 萬人口就在他的領導下出生——他們被稱為「普京的一代」。

與後蘇聯一代不同，「普京的一代」沒有經歷過

普京以外的管治模式,他們很難去想像普京在 2024 年完成最後任期以後的俄羅斯社會。俄羅斯高等經濟學院(Higher School of Economics)社會學教授波納林(Eduard Ponarin)曾這樣形容:「現在的俄羅斯年輕人是 1991 年以來最快樂的一代。」他們「快樂」、「對政治冷感」和「普遍愛國」。一項調查更指,三分之二的學生對俄政治沒有興趣。

直至 2014 年,俄羅斯因入主烏克蘭領土克里米亞而遭歐美國家經濟制裁,加上油價下滑,國家經濟一蹶不振,為普京的管治帶來史無前例的考驗。但對「普京的一代」來說,他們大都會選擇逆來順受。俄語有個形容詞為「Диванные критики」,直譯為「沙發評論家」,指坐在沙發上批評卻不會主動做任何事的人,而這個詞成為了這代人的標籤。

## 緬過去　厭現狀　怕未來

俄著名作家普希金（Alexander Pushkin）曾這樣形容俄羅斯人的精神面貌：「俄羅斯人緬懷過去，討厭現狀，又懼怕未來。」這句話正好貼切地形容三代俄羅斯人在今日俄國社會共處的精神面貌。

面對國家經濟寒冬，有人選擇緬懷過去。一項調查顯示，56% 的受訪者表示「希望蘇聯政權仍然存在」。由於部份人再無法負擔城市高昂的租金，他們開始自發組織共同生活空間（Communal

俄羅斯革命百年回顧，過去取得的成就及生活方式仍為部份人所懷念。

Living），模仿蘇聯時代的公社生活模式，例如單位內所有物資由住客共同使用。

有人害怕歷史重演，選擇默默支持普京政權。參考蘇聯解體的經驗，當時 14 個共和國在群龍無首的情況下，因看不到蘇聯的經濟前景而宣佈獨立——同樣情況也可在 21 世紀發生。對他們來說，避免重蹈蘇聯覆轍仍是首要考慮。

有人希望遠走高飛。另一項調查顯示，53% 介乎 18 至 24 歲的年輕人有出國的念頭，比例為 2009 年以來最高。

也有人選擇走上街頭，表達不滿。在 2017 至 2019 年間，全國多個城市掀起示威潮——單是在 2018 年，俄羅斯全國已爆發逾 2,500 次示威。

即使蘇聯解體至今接近 30 年，「三代同堂」的俄羅斯社會看來仍未走出歷史的陰霾。

" But we have no problem with LGBT persons. God forbid, let them live as they wish. But some things do appear excessive to us. "

Vladimir Putin,
President of Russia

# 俄羅斯「恐同」是怎樣的一回事

索契（Sochi）為 2014 年冬季奧運會的主辦城市。當年奧運會開幕在即，索契市長帕霍莫夫（Anatoly Pakhomov）接受英國廣播公司訪問時提到「索契沒有同性戀者」。他的言論引起西方社會嘩然。事緣，當時索契冬奧經已捲入由「性小眾議題」引發的意識形態之爭。

早在 2012 年 9 月，聖彼得堡市政府就訂立了《反同志法》，禁止任何人向未成年人士宣傳「非傳統兩性關係」——包括禁止青少年及兒童接觸同性戀資訊。2013 年 6 月，俄羅斯政府更將《反同志法》推行至全國，引來國際社會極大的迴響。部份人權組織更透過社交網絡呼籲全球杯葛索契冬奧。

當國際社會為《反同志法》杯葛索契冬奧的呼聲此起彼落，俄羅斯獨立民調勒瓦達中心（Levada Center）在立法前訪問 1,600 名來自俄羅斯 45 個地區的受訪者，《反同志法》

同志在俄國的生活備受關注。(Photo by Renate Vanaga on Unsplash)

的支持率高於 70%，而反對的只有 12%。

自俄政府推出《反同志法》以後，西方媒體將俄羅斯形容為「同志地獄」。究竟，當地的同性戀者過著怎樣的生活？

## 活在天堂與地獄之間

作為國家首府，莫斯科較大部份俄羅斯城市時髦，它的地下同志生活更是俄羅斯同性戀者的「天堂」。除了的士高、酒吧和餐館以外，當地還有一本以同志為題材的雜誌 Kvir（意譯為「大聲說出來」）。表面上，莫斯科的同志生活媲美歐洲，吸

引不少來自其他省份的同志在此定居。

不過即使在其他城市，如聖彼得堡和索契，也有
其地下同志生活。以索契為例，當地有兩間同志
酒吧。但與莫斯科相較，索契的同志場所較隱
蔽，而且需要密碼才能進入。在冬奧期間，不少
外國記者前往酒吧，作出報導，引起當地同志社
群的反對。

總統普京（Vladimir Putin）接受《紐約時報》
訪問時，曾引述電視台在索契同志酒吧的一段訪
問。其中一名受訪者說：「你們可否不要打擾我
們？同志運動歸同志運動，奧運歸奧運。現在我
們應將焦點放在奧運上。」普京說：「我完全認
同他的觀點。」

但普京這論述不受當地同志平權人士的支持。俄
羅斯著名前電視台主播克拉索夫斯基（Anton
Krasovsky）在 2013 年 1 月 25 日 主 持

直播節目期間，突然公開出櫃，並說：「我和總統普京和（時任）總理梅德韋傑夫（Dmitry Medvedev）一樣也是人。」他的言論引起全國嘩然，並因此被電視台解僱。

俄羅斯也有仇視同志的城市，距索契不遠的車臣共和國便是一個例子。俄媒 Novaya Gazeta 曾揭發地區政府拘捕當地的同性戀者，並對他們下私刑，包括電擊、辱罵和虐打等。其後國際人權組織也有出版報告，詳細紀錄當地同志的處境。

除了車臣共和國以外，針對同性戀者的仇恨罪行也在全國蔓延。比如當地有一個名為「佔領戀童癖」（Occupy Pedophilia）的群組，成員透過在社交網站假扮同志，以「約會」為名誘騙同志見面——「約會」其實是早有預謀的集體施暴。他們更拍攝施暴過程，上載視頻，令受害者的同志身份曝光。

## 「恐同」的歷史循環

俄羅斯歷史以來對同性戀的態度傾向保守。早在俄羅斯帝國時期（即 18 至 20 世紀初），男同性戀已是刑事罪行。直至 1917 年，俄羅斯爆發革命，不但推翻帝國政權，而且更為當地性小眾創立歷史性的一刻——革命勢力布爾什維克（Bolsheviks）廢除將男同性戀定義為刑事罪行。

1923 年，莫斯科大學講師 Grigory Batkis 博士發表一篇題為〈俄羅斯的性革命〉（"The Sexual Revolution in Russia"）的文章，其中提到「蘇聯法制並沒有區別同性戀與所謂的『自然』性交，所有形式的性交都視為個人事務」。

其後史太林（Joseph Stalin）掌政，蘇聯政府在 1934 年重新將男同性戀刑事化，並

發動政治宣傳，指男同性戀者為西歐國家派來的間諜，其最高刑罰為監禁五年。歷史學家估計，至少 25,000 名男同性戀者被這條例檢控和監禁。但歷史學家補充，這數字尚未包括被以「莫須有」罪名（如直接以間諜罪）檢控的男同性戀者。根據《蘇聯大百科全書》（*Great Soviet Encyclopedia*）的記載，當時社會對同性戀的定義為「西方墮落的表現」。更有病理學家鼓吹，當發現同性戀者，應向政府登記，使他們「得以被治療」。

蘇聯政權在 1991 年倒下，由俄羅斯首任總統葉利欽（Boris Yeltsin）執政。兩年後，俄政府廢除有關條例，而同性戀回復「非刑事化」。儘管如此，同性戀在俄羅斯社會仍被視為禁忌，偶有針對同性戀者的仇恨罪行發生。

## 「反同」與身份政治

普京政府在 2013 年引入《反同志法》，被指為蘇聯相關條例「借屍還魂」。但他接受《金融時報》訪問時卻表示：「我們對『性小眾』沒有意見。上帝禁止，但讓他們按照自己的意願生活。只是有些事情對我們來說似乎太過份了。」

事實上，《反同志法》確實沒有把同性戀定義為刑事罪行，但是它否定了同性戀作為社會關係的正當性。若果從宏觀的角度看當時的立例背景，

東正教作為俄國最普遍的宗教，而《反同志法》與其教義同樣鼓吹俄羅斯社會的傳統價值，凝聚國民對俄羅斯的身份認同。

俄羅斯社會正面對人口老化，以及與西方社會關係緊張等問題。普京「反同」的舉動，是為了鞏固當地與西方社會價值觀不同的「俄羅斯」身份，同時鼓勵國民生育。而東正教作為俄最普遍的宗教，曾不斷公開譴責同性戀違背聖經教訓。《反同志法》的用意正是政教合一，透過鼓吹傳統價值觀念，凝聚國民對俄羅斯的身份認同。

更重要的是，「反同」只是普京為鞏固政權而製造的「群眾敵人」之一。自普京在位以來，俄政府利用國營媒體作政治宣傳，不斷塑造「群眾的敵人」，凝聚國家的大多數。在 2020 年 6 月 3 日，親俄政治媒體於全國播放反同廣告，廣告呈現一對同性伴侶前往孤兒村領養孩子，而旁白則表示「你會選擇怎樣的俄羅斯？決定你的未來——支持普京修憲。」廣告中涉及的「修憲」其實與同志權益無關，其「修憲」重點在於將普京的過往任期歸零，即意味著他在 2024 年任期完結後，可以繼續競逐連任，可見《反同志法》不過是轉移群眾視聽的手段。

不過，這種透過假想敵人維護國家穩定的管治手段，令社會瀰漫著一片彼此對立的氛圍。長此下去，將為俄羅斯的社會安定埋下計時炸彈。

《反同志法》為俄國社會製造「群眾敵人」，從而鞏固普京的政權。

" Most foreign investors find it difficult to compete in Russia's gambling industry because they simply don't know the rules of the game. "

Anonymous FSB officer

# 情報人員披露俄羅斯賭業運作潛規則

莫斯科曾為俄羅斯最大的博彩業市場，市場估值約 78 億美元。直至 2009 年，俄羅斯政府實施全國禁賭，只特許六個地區經營賭場，包括澳門「賭王」何鴻燊之子何猷龍及香港上市公司金界控股（NagaCorp Ltd.）投資的符拉迪沃斯托克（Vlasdivostok，中國稱海參崴）綜合博彩娛樂區。

在禁賭令實施以前，莫斯科約有 550 間賭博場所，包括 30 間豪華賭場。據悉當時賭業每年為俄羅斯經濟帶來 70 億美元的利潤和 10 億美元的稅務收益。然而，俄羅斯政府卻在 2006 年以「提升國民道德健康」為名，開始研推禁賭令。在 2009 年禁賭令實施後，已造成超過 35,000 人失業。鑑於當時俄羅斯與格魯吉亞（Georgia）交惡，而格魯吉亞犯罪集團在俄經營多個大型賭場，包括香格里拉賭場（Shangri La Casino）和金宮賭場（Golden Palace Casino）等，因此業界揣測禁賭令是為了打擊

俄羅斯政府銳意將符拉迪沃斯托克打造成
俄式「拉斯維加斯」。

格魯吉亞的既得利益者。

令人意想不到的是，禁賭令在全國實施以後，不但
沒有造就僅存的六個綜合博彩娛樂區的成功，反令
莫斯科的地下賭場蓬勃發展。俄羅斯政府聲稱，執
法部門於 2009 至 2012 年期間成功破獲 414
間地下賭場和 28,000 間非法娛樂場所。根據莫
斯科檢察官庫德涅夫（Sergei Kudeneyev）公
佈的數據，警方在 2013 年首六個月經已揭發近
600 間地下賭場，數字較 2012 年同期高出兩
倍。

## 地下賭場眾生相

「目前莫斯科有數以千計的地下賭場,非法賭博的營業額每年高達 150 億美元。」一名情報人員要求以匿名身份向我和另一位當地記者披露俄羅斯地下賭場的運作。

隱蔽是地下賭場的主要特色。該情報人員描述,地下賭場通常設有隔音系統,部份更於地窖營運,一般難以察覺,顧客必須由賭場老闆或熟客

情報人員估計,目前莫斯科約有數以千計的地下賭場。

標題背後的故事

轉介才能進入。針對高端客戶的地下賭場通常設有二至十間貴賓室。

他以一間位於 Pyatnitskaya 街道的地下賭場為例：該賭場隱藏在一幢三層樓的古老大廈內，距離警署只有 50 米。要進入賭場，首先需輸入密碼，通過安檢和認購不少於 300 美元的賭場代幣。賭場內有兩個房間：一個房間有兩張撲克桌，另一個房間有輪盤賭桌（供 VIP 賓客使用），窗戶掛了厚厚的窗簾。賭場內聽不到音樂，只有一陣賭博聲和輪盤的旋轉聲，但是牆壁上仍覆蓋了隔音材料，燈光昏暗。賭客可以點菜（包括沙律和烤肉），但賭場內看不見廚房的位置。

## 官匪一家是常態

情報人員透露，莫斯科的地下賭場由犯罪集團操控，部份更是昔日莫斯科賭場的持有人。他們與執法部門的關係非常密切，有犯罪分子更勾結外國領

事館，在朝鮮和白俄羅斯等領事館經營地下賭場。「大部份地下賭場被破獲的原因是他們無法向執法部門提交『保護費』，或與當權者交惡。」

根據非政府組織透明國際（Transparency International）頒佈的清廉印象指數（Corruption Perception Index），俄羅斯在 198 個受調查的國家之中排名 137。莫斯科獨立民調機構列瓦達中心（Levada Center）的調查亦顯示，大部份受訪者認為政府官僚腐敗，無可救藥。

但站在當權者的角度，所謂「貪腐」與否，在於群眾的觀感。於是，政府不時成立調查機構，宣示反貪的決心。問題是，即使在執法部門內部也有幫派之分。比如梅德韋傑夫（Dmitry Medvedev）掌政後，在 2011 年授權聯邦檢察局成立調查委員會，專責調查俄羅斯的非法賭博情況。

不過，這個調查委員會卻被業界詬病，淪為執法部門內鬥的平台。例如 2011 年 6 月，內務部官員 Farit Temirgaliyev 及 Mikhail Kulikov 被調查委員會檢控貪污，涉嫌濫權包庇莫斯科其中一個非法博彩集團。然而，俄羅斯聯邦最高法院裁定，檢控無「法律基礎」，並拒絕審核調查委員會的上訴要求。情報人員認為這個案件涉及「政府機關之間的高級鬥爭」，而事件只是冰山一角，僅屬犯罪生態鏈的一個環節。

## 合法賭區「換湯不換藥」

儘管俄羅斯政府銳意發展六個綜合博彩娛樂區，但非法賭博、貪腐文化和政策舉棋不定令不少海外投資者卻步。

風暴國際集團創辦人波切爾（Michael Boettcher）是經典例子：作為俄羅斯賭業少數的投資者，他的集團曾在莫斯科經營五個賭場和

25 個博彩區，直至禁賭令實施以後，才全盤撤出俄羅斯市場。即使在綜合博彩娛樂區取得牌照的海外投資者，其項目大多也虧損收場。早在 2009 年，奧地利博彩公司 ASATI 就已經全盤撤出俄羅斯南部的綜合博彩娛樂區。

如今獲特許的六個綜合博彩娛樂區包括亞速夫城（Azov-City）、西伯利亞硬幣（Siberian Coin）、嚴塔爾納亞（Yantarnaya）、濱海邊疆區（Primorsky Krai）、索契（Sochi）和克里米亞（Crimea）。當中位於符拉迪沃斯托克近郊的濱海邊疆區最受海外投資者歡迎。為吸引外資，當地政府曾一度下調博彩稅至 1 到 2%。加上符拉迪沃斯托克鄰近中國東北三省，美國公司 Global Market Advisors 曾經預測，該娛樂區在 2022 年以前將帶來 52 億美元的收益。因此，符拉迪沃斯托克曾一度被譽為俄式「拉斯維加斯」。

## 俄式「拉斯維加斯」成投資陷阱

而在眾多投資項目之中，以何猷龍和台企伍豐科技合資的「水晶虎宮殿」（Tigre de Cristal）規模最大，被譽為俄羅斯最大的賭場。然而，這個位於符拉迪沃斯托克市近郊的項目在開幕前已出師不利。2013 年，何猷龍的本地商業伙伴 Oleg Drozdov 被控商業詐騙，迫使何猷龍收購其持有的 14% 股份。即使項目在 2015 年開幕，賭場營運也一度拮据，原因是賭博區位置偏遠，而且賭場不如預期中那麼受來自中國東北的賭客青睞。何猷龍最終在 2017 年開始出售其「水晶虎宮殿」的股份，現賭場已易手予太陽城集團。

情報人員披露，大部份在俄博彩業發展的海外投資者大多來自前蘇聯的獨聯體國家，部份更是在高加索地區甚有影響力的犯罪集團。可當綜合博彩娛樂區以低稅率和鄰近中國市場的原因招徠多家外商投資，俄羅斯政府卻在 2018 年推出新稅制，由

何猷龍和台企伍豐科技合資的「水晶虎宮殿」被
譽為俄羅斯最大的賭場。

過去按每家賭場的純利徵稅，改為按老虎機和
賭桌數目徵稅，每項設施所收稅項介乎 260 至
4,300 美元，意味著賭場不論賺錢與否，仍需
繳稅，令賭場運營商雪上加霜。

被問到海外投資者在俄面對的最大難題，情報
人員這樣回應：「大部份海外投資者難以在俄博
彩業市場圖利，因為他們不懂在俄從商的潛規
則。」

政策搖擺、執法人員與違法者勾結，以及利益團
體內鬥等，大概是外商在俄需要學習的第一課。

圖片出處

封面、頁16、19、25、43、51、67、79、133、186、189、194、
195、197、199、201、205、206、208、211、215、218、
219、222、231、233
(iStockphoto)

三聯書店
http://jointpublishing.com

JPBooks.Plus
http://jpbooks.plus

| | | | |
|---|---|---|---|
| 責任編輯 | 趙寅 | 書名 | 走進陌生的國度 —— 俄羅斯 |
| 圖片編輯 | 李安 | 作者 | 楊立明 |
| 書籍設計 | 黃詠詩 | 出版 | 三聯書店（香港）有限公司 |

出版　　三聯書店（香港）有限公司
　　　　香港北角英皇道 499 號北角工業大廈 20 樓
　　　　Joint Publishing (H.K.) Co., Ltd.
　　　　20/F., North Point Industrial Building,
　　　　499 King's Road, North  Point,  HK

印刷　　美雅印刷製本有限公司
　　　　香港九龍觀塘榮業街 6 號四樓 A 室

發行　　香港聯合書刊物流有限公司
　　　　香港新界大埔汀麗路 36 號 3 字樓

版次　　2020 年 7 月香港第一版第一次印刷

規格　　特 16 開（150 毫米 x 210 毫米）248 面

國際書號　ISBN 978-962-04-4656-6